Otto Keller

Peter Tschaikowsky

Ein Lebensbild

Keller, Otto

Peter Tschaikowsky

Ein Lebensbild

ISBN: 978-3-86267-541-8

Auflage: 1
Erscheinungsjahr: 2012
Erscheinungsort: Bremen, Deutschland

Europäischer Literaturverlag GmbH, Fahrenheitstr. 1, 28359 Bremen (www.elv-verlag.de).

Bei diesem Titel handelt es sich um den Nachdruck eines historischen, lange vergriffenen Buches aus dem Verlag Breitkopf & Härtel, Leipzig (1914). Da elektronische Druckvorlagen für diesen Titel nicht existieren, musste auf alte Vorlagen zurückgegriffen werden. Hieraus zwangsläufig resultierende Qualitätsverluste bitten wir zu entschuldigen.

Cover: Ausschnitt aus dem Porträt »Peter Tschaikowsky« (1893) von Nikolai Kusnezow.

Nach Originalaufnahme des Kgl. Hofphotographen E. Bieber, Hamburg.

Peter Tschaikowsky

Ein Lebensbild

von

Otto Keller
Konservator des Musikarchivs der Brücke in München

Mit einem Bildnis

Leipzig
Druck und Verlag von Breitkopf & Härtel
1914

Copyright 1914 by Breitkopf & Härtel, Leipzig

Übersetzungsrecht vorbehalten

Emerich und Paula Kastner

in treuer Freundschaft gewidmet

vom Verfasser

Vorwort.

Biographische Arbeiten über Peter Tschaikowsky gibt es keine geringe Menge, und doch konnte ich dem ehrenvollen Auftrag der Verlagsfirma nicht widerstehen, denn im Laufe der zwanzig Jahre nach dem Tod des Meisters ist so manches Material veröffentlicht worden, das die Persönlichkeit des Komponisten neu beleuchtet und erklärt. Dieses Material auszunützen und zu verwerten war meine erste Aufgabe, dann glaubte ich bei dem Umstand, als die Kompositionen Tschaikowskys in Westeuropa immer festeren Fuß fassen, doch ein Lebensbild geben zu müssen, das in leichtfaßlichster Weise das Leben des Künstlers in engster Verbindung mit seinen bedeutendsten Werken darstellt. Wieweit mir dies gelungen ist, will ich der Beurteilung der Leserwelt überlassen, ich darf aber wohl sagen, daß ich mit der größten Sorgfalt und der vollsten Hingabe an die Bearbeitung des schönen Themas ging und etwas schuf, das doch einigermaßen der Bedeutung des Meisters entspricht.

München, im November 1913.

Otto Keller.

Peter Jljitsch Tschaikowsky erblickte in Wotkinsk im Gouvernement Wiätka in Rußland das Licht der Welt. Vermutungen zufolge soll die Familie Tschaikowsky polnischen Ursprunges sein, aber schon der Urgroßvater kämpfte als Kosakenrittmeister in Poltawa gegen die Schweden, der Großvater war als Edelmann in der Adelsliste des Gouvernement Kasan eingetragen, und dessen Sohn Ilja (Elias) war Schachtmeister im Departement der Berg- und Salzwerke. In erster Ehe mit einer Deutschen, Maria Kaiser, vermählt, ehelichte er nach deren Tode im Jahre 1833 eine Französin, Alexandra Andrejewna Assière. Im Jahre 1837 zum Oberbergrat und Chef der Kamsko-Wotkinschen Fabrik ernannt, übersiedelte Ilja nach Wotkinsk, und hier gebar ihm seine Gattin als zweiten Sohn den Peter, dem diese Zeilen gelten sollen. Weder die beiden Gatten, noch die vorhergehenden Kinder, eine Tochter aus erster Ehe Sinaida und der erstgeborene Sohn Nicolai aus zweiter Ehe, zeigten irgendwie musikalische Begabung, nur in die Seele des Peter war der göttliche Funken des Genies gelegt, und er trat auch frühzeitig zutage. Schon als Kind war er nur schwer zu bewegen, mit seinen Geschwistern und gleichaltrigen Kindern zu spielen, er liebte es vielmehr, beim Klavier zu sitzen und hier nach Melodien und Harmonien zu suchen. Dabei fand er von außen gar keine Anregung, denn auf dem von allem geselligen Verkehr abgeschnittenen Orte fand sich niemand, der irgendwie zu musizieren imstande gewesen wäre. Nur eine Spieluhr hatte der Vater einmal aus Petersburg mitgebracht, und deren Melodien konnte Peter schon als fünfjähriger Knabe nachspielen. Auch seine erste Erzieherin, Fanny Dürbach, der er bis zu seinem Tode treue Anhänglichkeit bewies, war nicht musikalisch, und seine erste Musiklehrerin, Maria Markowna Longinow, konnte ihm wohl die Anfangsgründe des Klavierspieles beibringen, aber ihn höher hinauf in musikalische Regionen zu führen und zu leiten war sie nicht in der Lage. Erst als ein polnischer Offizier, Maschewsky, im Elternhause zu verkehren begann, lernte Peter die Kompositionen Chopins kennen, und nun bemühte sich Peter, einige der Mazurkas einzuüben, was ihm überraschend gut gelang. Allerdings zeigte er sich nach manchmal allzu intensiver Beschäftigung mit Chopins eigenartiger Musik so aufgeregt, daß ihn Fanny Dürbach mit allen möglichen Mitteln vom Klavier abhalten mußte.

Im Jahre 1848 kam Peter endlich in eine andere Sphäre. Dem Vater war eine Stellung in Moskau angeboten worden, er gab daher seine jetzige Stellung auf und übersiedelte dahin. Dort war ihm aber ein anderer zuvorgekommen, und die Familie reiste nach Petersburg weiter, wo Jla Petrowitsch im Jahre 1849 die Verwalterstelle in der Jakoleffschen Fabrik in Alapajewsk fand. Es war dies wieder ein von jedem Verkehr abgeschlossener Ort. Da die Knaben Nicolai und Peter unterdessen schon herangewachsen waren und höheren Schulunterricht nötig hatten, mußten sie in Petersburg bleiben und kamen in das Erziehungsinstitut Schmehling. Hier mußte Peter nun sehr fleißig sein, um all seinen Verpflichtungen nachzukommen, aber er bestand auch darauf, noch besseren Klavierunterricht zu erhalten, und bekam in einem Herrn Filipoff einen Lehrer, der ihn ziemlich förderte. Den Anstrengungen war Peter nicht gewachsen, er erkrankte an den Masern, mußte die Schule verlassen, und der Arzt verbot jede geistige Beschäftigung. Im Vaterhause zu Alapajewsk erholte er sich bald wieder, und in dieser Zeit der geistigen Ruhe war in ihm der Drang entstanden, seine musikalischen Einfälle auch festzuhalten, er begann zu komponieren.

Im Jahre 1850 war an den Vater die Frage herangetreten, welchen Beruf Peter ergreifen soll. Der Vater entschied sich für den Beamtenstand, und so wurde der Knabe wieder nach Petersburg gebracht, wo er in die Vorbereitungsklasse der sogenannten Rechtsschule aufgenommen wurde. In diesem Institute, das ihn volle acht Jahre festhielt, schleppte er sich als mittelmäßiger Schüler durch. Er versäumte wohl keine seiner Obliegenheiten, rückte auch jedes Jahr um eine Klasse regelmäßig vor, aber er konnte an den Wissenschaften, die hier gelehrt wurden, keinen Gefallen finden. Namentlich die Jurisprudenz und die Mathematik wurden ihm immer verhaßter, und er wurde sich auch immer mehr klar, daß die Beamtenlaufbahn unmöglich sein Lebenszweck sein könne. Die Pflege der Musik wurde in dieser Zeit wohl in den Hintergrund gedrängt, aber es gab doch immer wieder Gelegenheit, die Kollegen durch allerlei musikalische Kunststücke in Erstaunen zu versetzen. So konnte er die Töne ganz richtig benennen, ohne die angeschlagenen Tasten zu sehen, er konnte auf verdeckter Klaviatur spielen und dergleichen mehr. Noch immer aber kam niemand auf die Idee, daß hier ein Talent der Entdeckung harre, daß hier jeder andere Beruf als der des Musikers total verfehlt wäre. Das lag wohl auch zum Teil in den damals in Rußland herrschenden musikalischen Zuständen. Es ist ja bekannt, daß die bedeutendsten Musiker Rußlands eigentlich keine Fachmusiker waren, das heißt, daß sie die Musik nur im Nebenamt betrieben, wie z. B. Rimsky-Korsakoff Seeoffizier, Borodin Chemiker, Cesar Cui General. Musikhochschulen gab es bis dahin auch noch nicht in Rußland, die wichtigsten Stellen waren noch durch Ausländer besetzt, die ausschließliche Beschäftigung mit der Tonkunst war nicht üblich.

Unterdessen gab es aber für Tschaikowsky doch immer mehr Gelegenheit, die Musik in den Vordergrund zu stellen. In der Rechtsschule war auch ein Schulchor zusammengestellt, den der Gesanglehrer Lomakin leitete. Dieser bemerkte sehr bald die außerordentliche Begabung des jungen Tschaikowsky und übertrug ihm als Stimmführer einen der wichtigsten Posten. In der Prima war Peter sogar eine Zeitlang Regens chori, hier aber erfüllte er seine Aufgabe nicht, da er es nicht verstand, sich seinen Kollegen gegenüber in den richtigen Respekt zu setzen. In der Familie gab es endlich auch Gelegenheit zu musizieren, denn eine Verwandte war Sängerin und forderte ihn auf, sie ständig zum Gesang zu begleiten. Hier lernte er Mozarts „Don Juan" genauer kennen und begeisterte sich an dieser Musik derart, daß er wochenlang den Klavierauszug nicht aus der Hand gab.

Im Jahre 1852 gab der Vater seine Stellung in Alapajewsk auf und zog sich ins Privatleben nach Petersburg zurück, so daß seine Kinder wieder ihren Familienkreis hatten. Leider wurde dieser aber sehr bald grausam zerstört, denn im Juni 1854 wurde die Mutter, an der namentlich Peter mit abgöttischer Liebe hing, ein Opfer der Cholera. Am Beerdigungstage ergriff die schauerliche Krankheit auch den Vater, er wurde aber gerettet. Im folgenden Jahr bekam Peter endlich in Rudolf Kündinger, einem in der deutschen Stadt Nördlingen geborenen trefflichen Pianisten, den 1850 Baron Vietinghoff als Hausmusiklehrer nach Petersburg hatte kommen lassen, einen Klavierlehrer, dem er in seiner Kunst sehr viel verdankte. Im Klavierspiel konnte Kündinger seinen Schüler wohl wenig fördern, da dieser zuwenig Zeit auf die technischen Übungen verwenden konnte, aber er führte Peter in die deutsche Musik ein und machte ihn mit den Schöpfungen aller großen deutschen Meister bekannt. Kündinger nahm ihn auch in die Orchesterkonzerte mit, die in der Aula der Universität stattfanden. Diese waren allerdings nicht sehr wertvoll, denn das Orchester bestand nur aus Studenten und wurde selten durch Berufsmusiker verstärkt. Auch gingen die Aufführungen meist ohne Probe vor sich, man kann sich also denken, wie man hier Sinfonien von Beethoven und Mozart wiedergeben konnte.

Eine weitere wichtige Bekanntschaft Peters war der neapolitanische Gesanglehrer Piccioli. Dieser hatte von den deutschen Meistern nur eine sehr geringe Meinung, vergötterte dagegen Rossini, Donizetti und Bellini, die nun auch Peter gründlich kennen lernen konnte. So war der junge Tschaikowsky schon mit reichen Mitteln ausgestattet, als er im Jahre 1862 in das neugegründete Petersburger Konservatorium eintrat.

Dieses Institut war von den Brüdern Anton und Nicolaus Rubinstein als zielbewußter Anfang eines Musiklebens im westeuropäischen Sinne geschaffen worden. Anton in Petersburg und Nicolaus in Moskau, durch die Großfürstin Helena Pawlowna und den Großfürsten Konstantin Nikolajewitsch auf das tatkräftigste unterstützt, riefen hier ins Leben, was bisher in Rußland gänzlich gefehlt hatte. Mit aller Energie wußten sie das Publikum für die bisher gänzlich vernachlässigte Tonkunst zu interessieren, indem sie in Sinfonieabenden das Volk mit den besten Erzeugnissen auf diesem Gebiete in bester Ausführung bekannt machten. Dann wurden Musikschulen begründet, anfangs nur für Chorgesang und Elementarunterricht, bis endlich auch die Prosperität einer höheren Musikschule vorauszusehen war. Und hier gingen sie ganz ernsthaft vor, das zeigt die Wahl der Lehrkräfte, von denen Alexander Dreyschock und Theodor Leschetitzky für das Klavier, Henri Wieniawsky für die Violine, Karl Davidoff für das Violoncell, Nicolaus Saremba für die Theorie und Frau Nissen-Salomon für den Gesang zu nennen sind.

Peter Tschaikowsky war nach Absolvierung der Rechtsschule als Sekretär in das Justizministerium eingetreten, und so gewissenhaft er auch seine Arbeiten dort erledigte, so kam er immer mehr zu der Überzeugung, daß er für den Beamtenstand nicht geschaffen sei. Da übrigens sein musikalisches Talent auch in weiteren Kreisen Anerkennung fand, so hatte schließlich auch sein Vater nichts mehr dagegen einzuwenden, daß Peter der Tonkunst sich widme oder wenigstens den Versuch mache, diese Kunst als Lebensberuf zu erwählen. Peter war selbst noch recht unentschlossen, was er machen soll. Er befand sich damals in einem Zustand, in dem ihm kein Rat und kein Vorschlag als der richtige erschien, er kam aus einer unglücklichen Stimmung in die andere, und er ergriff mit Freuden die Gelegenheit, als ihm ein Bekannter den Vorschlag machte, mit ihm nach dem Westen zu reisen, um ihn aus dem Meer der Zweifel herauszureißen und ihn wenigstens von den Grübeleien abzulenken. Die beiden besuchten Berlin, Hamburg, Brüssel, Antwerpen, London und Paris, aber sein Zustand besserte sich auch hier nicht. Die Amusements, die man ihm auf der Reise bot, befriedigten ihn durchaus nicht, er tadelte sich selbst, daß er sich einige vergnügte Tage machte und dabei das Geld hinauswarf. So schreibt er an seine Schwester: „Habe ich Geld im Sack, so mache ich mir damit vergnügte Tage: das ist banal und dumm. Ich weiß, wenn ich genau überlege, daß ich kein Geld für Vergnügungen übrig habe, ich habe gehörige Schulden, die bezahlt sein wollen, ich habe weit dringendere Bedürfnisse, aber ich denke an nichts und amüsiere mich. So ist einmal mein Charakter! Wie werde ich enden? Was erwartet mich in der Zukunft! Es ist mir bange, daran zu denken!"

Im September 1862 trat er im Petersburger Konservatorium ein, aber auch jetzt schreibt er der Schwester: „Ich bin in das neugegründete Konservatorium eingetreten, der Kursus beginnt in den nächsten Tagen. Im vorigen Jahre habe ich mich, wie du weißt, viel mit der Theorie der Musik beschäftigt, und jetzt habe ich mich entschieden davon überzeugt, daß ich über kurz oder lang den Dienst mit der Musik vertauschen muß. Glaube nicht, daß ich mir einbilde, ein großer Künstler zu werden — ich will einzig und allein dasjenige tun, wozu mich mein innerer Beruf treibt. Werde ich nun ein großer Komponist oder ein armer Lehrer, in jedem Falle wird mein Gewissen ruhig sein, und ich werde nicht die traurige Berechtigung haben, mit dem Schicksal und den Menschen zu rechten. Den Dienst gebe ich natürlich erst auf, sobald ich zu der unumstößlichen Überzeugung gelange, daß ich ein Künstler und kein Beamter bin."

Je mehr und je intensiver Tschaikowsky sich mit seinen musikalischen Studien beschäftigte, desto mehr wich seine Unentschiedenheit, und als man ihn im Ministerium bei einer Beförderung überging, nahm er am 1. Mai 1863 seinen Abschied und vertauschte, wie ein Onkel sagte, „die Jurisprudenz mit dem Dudelsack". Auch hierüber schrieb er wieder seiner Schwester: „Du wirst wahrscheinlich meine musikalische Begabung nicht in Abrede stellen und auch nicht, daß die Musik das einzige ist, wozu ich tauge. Wenn dem so ist, versteht es sich von selbst, daß ich alles opfern muß, um das zu entwickeln und zu fördern, was Gott in mich gelegt hat. In dieser Absicht begann ich mich ernsthaft mit der Theorie der Musik zu beschäftigen. Bisher verhinderte mich das nicht, mich irgendwie mit dem Dienste abzufinden, und so blieb ich im Ministerium. Da meine Beschäftigung aber immer ernster und schwieriger wird, muß ich natürlich eines wählen: gewissenhaft meinen Dienst zu tun ist mir bei meinen musikalischen Studien unmöglich; für nichts und wieder nichts mein Gehalt zu beziehen geht nicht an, es würde auch nicht geduldet werden, folglich bleibt nur das eine, meinen Dienst zu verlassen, um so mehr, als ich immer wieder zurückkehren kann."

Obwohl die Verhältnisse des Vaters wieder recht ungünstig geworden waren, das Auslangen mit einer für die große Familie kaum ausreichenden Pension gefunden werden mußte und Peter von Hause aus nicht anders unterstützt werden konnte, als durch Überlassung eines kleinen, sehr bescheiden möblierten Zimmers, so fühlte er sich nunmehr doch überglücklich, da er nun seinen Neigungen folgen und einen Beruf ergreifen konnte, der ihn ganz erfüllte. Was er zum Lebensunterhalte brauchte, verschaffte er sich durch Unterrichterteilen im Klavierspiel und in Musiktheorie, wozu ihm Anton Rubinstein stets behilflich war und ihn überall wärmstens empfahl.

Im Jahre 1864 hatte er sein erstes Orchesterwerk, eine Ouvertüre zu dem Drama „Das Gewitter" von Ostrowsky geschrieben, und nachher entstand ein sinfonisches Werk in der Form eines russischen Tanzes, das später in seiner ersten Oper Verwendung fand. Dieses Werk gaben seine Freunde ohne sein Vorwissen dem im August 1865 im Parke zu Pawlosk konzertierenden Walzerkönig Johann Strauß, der es zur Aufführung brachte und somit das erste Werk Tschaikowskys der Öffentlichkeit vermittelte. Wenige Wochen nachher, im November, hatte er seine Studien im Konservatorium beendet, und er erhielt von Anton Rubinstein als Prüfungsaufgabe Schillers „Lied an die Freude" für Soli, Chor und Orchester zu komponieren. Das war nun ein recht unglückliches Thema. Die Beurteilung der Arbeit fiel auch dementsprechend aus, Anton Rubinstein sprach Tschaikowsky jede Begabung ab, und Cesar Cui sagte in den Petersburger Nachrichten vom 24. März 1866: „Die Komposition ist ganz schwach. Allerdings ist seine Kantate unter sehr ungünstigen Umständen geschrieben: als Aufgabe, innerhalb einer bestimmten Zeit, über ein gegebenes Thema, in bestimmter Form. Trotzdem würde Tschaikowsky, wenn er Talent besäße, die Fesseln des Konservatoriums schon irgendwie abgestreift haben." Die Arbeit wurde aber doch in dem Schlußprüfungskonzerte, das im Palais der Großfürstin Helene Pawlowna stattfand, aufgeführt, und Tschaikowsky erhielt als äußere Anerkennung für Fleiß und Ausdauer eine Medaille zugesprochen.

Im selben Jahre eröffnete Nicolai Rubinstein in Moskau sein Konservatorium und hatte Sseroff zuerst für den Theorieunterricht gewonnen. Da dieser aber seine Zusage wieder zurückgenommen hatte, reiste Nicolai Rubinstein nach Petersburg und suchte unter den absolvierten Schülern des Petersburger Konservatoriums eine geeignete Kraft. Von Kaschkin und Laroche auf Tschaikowsky aufmerksam gemacht, trug er diesem die Stelle an. Tschaikowsky ging gerne von Petersburg weg, Bekanntschaften hatte er keine angeknüpft, und es war ihm auch nicht gelungen, in die musikalischen Kreise Eingang zu finden, ja den maßgebenden Kreisen, den Neurussen, stand er sogar etwas feindlich gegenüber.

Die unglücklichen Familienverhältnisse hatten es mit sich gebracht, daß er in einem desolaten Zustande nach Moskau kam. Nicht ein brauchbares Kleidungsstück hatte er auf seinem Körper, und Nicolai Rubinstein mußte ihn erst mit seinen zurückgelegten Sachen notdürftig versehen, bevor er ihn in die Gesellschaft einführen konnte. In der Anstalt hatte Tschaikowsky vorläufig noch nicht viel zu tun, er konnte daher seinem Schaffenstriebe freien Lauf lassen und besuchte auch sehr fleißig die Theater und die Konzerte. Auch war es ihm gelungen, in einem Künstlerkreise Aufnahme zu finden, in dem die Schriftsteller Ostrowsky, Pissemsky, Graf Ssollogub und andere ihre neuesten Arbeiten vorlasen und die bedeutendsten durchreisenden Musiker zu hören waren. Sein erstes Werk, das er in Moskau schrieb, war eine Ouvertüre in C-moll, die aber Rubinstein nicht gefiel. Er arbeitete daher die bereits in Petersburg verfertigte Ouvertüre in F-dur um, und sie wurde am 14. März 1866 in einem Sinfoniekonzerte mit großem Beifall gebracht.

Am 13. September 1866 wurde das neue Konservatorium in Moskau feierlich eröffnet, und es mag wohl Tschaikowsky zur Ehre gereichen, daß er neben Künstlern von Weltruf, neben dem Geiger Ferdinand Laub und dem Violoncellisten Bernhard Coßmann in das Lehrerkollegium berufen worden war. Ihm fiel auch die Aufgabe zu, beim Festmahle eine Rede zu halten, und in dem Festkonzerte leitete er die musikalischen Vorträge mit der Ouvertüre zu „Rußlan und Ludmilla" von Michael Glinka ein, da er sagte, daß der Schöpfer der russischen Musik bei einer solchen Gelegenheit unmöglich übergangen werden kann.

In die erste Zeit des Moskauer Aufenthaltes fällt auch die Fertigstellung seiner ersten Sinfonie, die er ja vielleicht schon in Petersburg begonnen haben mag, hier aber vollendete. Es muß konstatiert werden, daß sie verschiedene Sonderbarkeiten aufwies. Er betitelte sie „Winterträume", sie war also eine Art Programmusik, aber nur die ersten beiden Sätze zeigten Untertitel „Träumerei auf winterlicher Fahrt" (Allegro tranquillo, G-moll) und „Rauhes Land, Nebelland" (Adagio cantabile ma non tanto, Es-dur), die beiden letzten Sätze tragen die üblichen Bezeichnungen Scherzo und Finale. Modest Tschaikowsky schreibt über die Entstehung dieser Arbeit: „Keine einzige seiner Kompositionen hat ihm so viel Mühe und Qual gekostet, wie gerade diese Sinfonie." Er soll sie mit zerrütteten Nerven geschrieben haben, sie hinderten das Gelingen und litten andererseits selbst wieder unter der grausamen Arbeit. Wiederholt soll Tschaikowsky in jener Zeit (1866) über sein nervöses Hämmern im Kopfe geklagt haben, man glaubt dies auch aus seiner Sinfonie herauszuhören in diesem Nagen und Wühlen in den tieferen Saiteninstrumenten, in der Unruhe der Figuration, in der starren Wiederkehr derselben kraftlosen Phrasen. Dies stimmt allerdings nicht mit der Befriedigung, die er über den Moskauer Aufenthalt äußerte, denn er hatte hier wirklich genügende gesellige und geistige Anregung, und auch die Erfolge seiner Kompositionstätigkeit mehrten sich, so daß man annehmen muß, diese Sinfonie sei tatsächlich zum größten Teil noch in Petersburg entstanden. Russisch zeigte sich die Sinfonie nicht, vielmehr verriet sie französische Elemente, die eben mütterliches Erbteil waren. Immerhin war die Sinfonie als Erstlingswerk auf sinfonischem Gebiete wohl zu beachten, und eine Eigenart Tschaikowskys zeigte sich schon in dieser Arbeit: es konnten ihm im Schaffenseifer banale Motive unterlaufen, immer adelte er sie durch seine Verwendung und Bearbeitung. Der zweite Satz in Es-dur ist jedenfalls der wertvollste, die Steigerung der Grundmelodie der Oboe, die von Flöten umrankt wird, über die Violoncelle hinüber bis zu den Posaunen kann nie ohne Wirkung bleiben. Das Scherzo ist zu breit, und im letzten Satz guckt ein wenig das unzibilisierte Rußland durch. Als er die Sinfonie vollendet hatte, fuhr er sofort zu Anton Rubinstein nach Petersburg, dieser zeigte sich aber keineswegs befriedigt und verlangte eine Reihe von Abänderungen, die Tschaikowsky nur widerwillig vornahm. In der neuen Form führte Rubinstein auch die beiden Mittelsätze in einem Konzert der Petersburger Musikgesellschaft vor. Für Tschaikowskys Eigenart und für die Beurteilung seines künstlerischen Werdens kann dieses Werk unter den gegebenen Umständen, wie es in die Öffentlichkeit kam, kaum in Betracht kommen.

Im Jahre 1867 hatte Tschaikowsky auch die Freude, sein erstes gedrucktes Werk in die Welt hinaussenden zu können. Der Verleger P. J. Jürgenson, der ihm von nun an immer ein treuer Freund und Berater geblieben war, nahm ein bereits in Petersburg entstandenes Impromptu und ein Scherzo à la russe in seinen Verlag auf. Tschaikowsky hatte es Nicolai Rubinstein zugeeignet. Den Sommer des Jahres 1867 verlebte er in Hapsal in Esthland und schrieb hier drei Klavierstücke „Souvenir de Hapsal". Aus einem Briefe an seine Schwester, der er immer seine geheimsten und innersten Stimmungen mitteilte, geht die Stimmung hervor, in der er sich wieder zeitweise befand, und die auch für sein Schaffen charakteristisch ist. Er schreibt: „Du hast vielleicht schon bemerkt, welch ein leidenschaftliches Interesse ich für das stille Landleben hege, das frei ist von jener geräuschvollen Beweglichkeit, der die Menschen ihr Leben widmen. Als ich in Hapsal war, sprach ich oft mit W. von einer ländlichen Hütte, die ich mir nächstens bauen wollte, um meine Tage dereinst in ihr zu beschließen. Das ist aber kein Spaß, sondern ich denke mit einer Art von Entzücken daran, und das ist ganz erklärlich. Obschon ich im Alter noch weit entfernt bin, fühle ich tief eine Lebensmüdigkeit. Lächele nicht! Wärest du stets mit mir zusammen, du würdest dich davon selbst überzeugen. Meine Umgebung wundert sich über mein Schweigen, findet mich schwermütig, während ich im Grunde ganz gut lebe. Was sollte eigentlich ein Mensch noch begehren, der materiell gut gestellt ist, von Freunden geliebt und mehr als ein Dutzendmensch geachtet wird? Und trotzdem fliehe ich jede Geselligkeit, liebe das Schweigen und die Einsamkeit. Ich bin eben lebensmüde, und tritt diese Überzeugung in mein Bewußtsein, so bin ich nicht nur sprachfaul, sondern auch denkfaul und träume von der Wonne stiller Freuden, die ich mir nicht anders als in deiner Nähe vorstellen kann. Sei gefaßt, daß du früher oder später einen Teil deiner mütterlichen Sorgfalt auf deinen ‚müden' Bruder übertragen wirst. Du glaubst vielleicht, daß solche Gemütsstimmungen mich dem Wunsche der Vermählung näherbringen müßten! Nein, meine liebe zukünftige Hausgenossin! Die Lebensmüdigkeit hält mich auch vor neuen Beziehungen ab, die zur Ehe führen könnten. Ich bin zu träge, mich an die Spitze einer Familie zu stellen, zu träge, die Verantwortung für das Schicksal von Weib und Kind auf mich zu nehmen. Kurz: die Ehe ist für mich undenkbar! Es ist mir noch nicht klar, in welcher Weise ich mich deiner Familie anschließen soll, ob als dein Nachbar oder dein Kostgänger, jedenfalls kann ich mir den Segen der Ruhe nicht ohne deine Person denken."

Trotz dieser Stimmung arbeitete er mit wahrem Feuereifer an seiner ersten Oper „Der Woiwode", die im Herbst 1868 fertig wurde, und aus der Nicolai Rubinstein den „Tanz der Mägde" im Dezember desselben Jahres in einem Sinfoniekonzerte ins Programm aufnahm. Tschaikowsky wurde genötigt, die Aufführung selbst zu leiten, und war dermaßen aufgeregt, daß er falsche Zeichen zum Einsetzen gab, kurz, die Aufführung bald unmöglich gemacht hätte. Trotzdem gefiel die Komposition außerordentlich. Die Oper selbst dagegen, die ihre Uraufführung am 30. Januar (11. Februar) 1869 in Moskau erlebte, hatte geringen Erfolg. Der Gründe gab es eine Menge. Die Dichtung Ostrowskys war als Textbuch ziemlich verunstaltet worden, so daß die wirkungsvollsten Stellen ganz unwirksam wurden, dann war die nationale Oper in Moskau so schlecht bestellt, daß sie dem Werke überhaupt nicht gerecht werden konnte. Nummern, die nach einigen Proben nicht zusammengingen, wurden einfach gestrichen, so daß Tschaikowskys Freunde darüber in helle Empörung gerieten. Er selbst ließ alles über sich ergehen, nach einigen Aufführungen nahm er die Partitur zurück und verbrannte sie. Nur der „Tanz der Mägde" hat sich daraus erhalten.

Die Russen hatten ja seit drei Jahrzehnten eine nationale Oper, Glinka hatte ihnen in der Oper „Das Leben für den Zaren" das erste Werk in dieser Art geschenkt, dann folgten, um nur die bedeutendsten zu nennen, Dargomyschky mit der „Russalka" und Sseroff mit der „Rogneda", aber die höheren Gesellschaftskreise, so stolz sie sich auch über diese nationalen Arbeiten zeigten, zogen doch noch immer die italienische Oper vor, und da sparten die Operndirektoren keine Mühe und keine Auslagen, um das Interesse wach zu erhalten. Die besten Künstler aus fernsten Landen wurden herangezogen, um in Petersburg und in Moskau in durchweg ausländischen Opern zu singen. Im Winter 1868—69 kam auch die berühmte Desirée Artôt nach

Moskau und versetzte die „Gesellschaft" in eine wahre Raserei. Sie sang unter anderen die „Regimentstochter" und das „Gretchen", und alltäglich standen die Menschenmassen vom frühen Morgen an der Theaterkassa, um ein Billett zu den höchsten Preisen zu erhaschen. Die Künstlerin, die damals auf dem Höhepunkte ihrer Leistungen stand, war natürlich auch viel in Gesellschaften gebeten, und bei Madame Bjegnitschew lernte sie Peter Tschaikowsky kennen. Der Brief, den dieser 1867 an seine Schwester geschrieben hatte, war schnell vergessen, er entflammte für die gewiß bedeutende, aber nichts weniger als schöne Künstlerin und wußte sogar einen Armenier, der sie mit den größten Reichtümern überschütten wollte, zu verdrängen. Tschaikowsky galt einige Zeit als offizieller Bräutigam der Künstlerin, und als sie nach Warschau weiterreiste, sagte sie ihm: „Meine Mutter ist gegen Sie eingenommen, doch wie sie sich auch bemühen wird, uns auseinander zu bringen, ich werde Ihnen treu bleiben und niemand anderem angehören." Für den nächsten Sommer war die Hochzeit angesetzt. Bald darauf aber erfuhr Tschaikowsky, daß Desirée Artôt mit dem Sänger Padilla sich vermählt habe. Seine Freunde und besonders Nicolai Rubinstein waren über diesen Ausgang der Liebesaffäre nicht wenig zufrieden, denn diese Verbindung hätte für Tschaikowsky kaum gut geendet.

Wichtige Bekanntschaften für Tschaikowsky waren der russische Schriftsteller W. W. Stassow und der Komponist Balakirew, die ihn nicht nur mit den Vertretern der neuen russischen Tonkunst in Berührung brachten, sondern ihn auch in seinem Schaffen vielfach anregten. Merkwürdig ist es jedenfalls, daß beide genannten Meister in ihren Gesprächen und Briefen ihn auf Shakespeare aufmerksam machten und der erstere ihn zur Phantasie „Der Sturm", der andere zur Ouvertüre zu „Romeo und Julie" veranlaßten. Aus dieser letzten Arbeit ist ganz besonders das rhythmisch originelle Allegro giusto in D-dur hervorzuheben, das in so leuchtenden Farben geschrieben ist, wie es nur ein vollendeter Beherrscher der Orchestertechnik zustande bringen kann. Das Werk erschien durch Vermittlung des Nicolai Rubinstein bei Bote & Bock in Berlin und machte auch bald die Runde durch die deutschen Konzertsäle. Weniger glücklich war er dagegen in einer Orchesterphantasie „Fatum", die bei ihrer Uraufführung in Moskau sanft abgelehnt wurde. Auch mit einer zweiten Oper „Undine" hatte er kein Glück. Er hatte sie bei der Direktion der Petersburger Oper eingereicht, die aber die Annahme rundweg abschlug. Außerdem ging die Partitur auch noch verloren. Erst einige Jahre später kam er wieder in ihren Besitz, übergab aber auch diese Partitur den Flammen.

Noch im selben Jahre begann er die Komposition einer dritten Oper „Opritschnik", zu welcher er teilweise die Musik der ersten Oper „Der Woiwode" verwendete. Er erkannte aber selbst, daß die Verwendung einer Musik, die zu ganz anderen Situationen geschrieben war, ein Fehler wäre, und arbeitete die Oper mehrmals um. Im Jahre 1872 war das Werk endlich fertig, er reichte es wieder in der Petersburger Oper ein, und dort fand die Uraufführung im Jahre 1874 statt. Die Aufnahme war eine sehr günstige, Tschaikowsky war aber durch die Proben so nervös geworden, daß er die weiteren Aufführungen nicht mehr mitmachte und nach Italien floh.

Im Jahre 1871 betrat er auch ein bisher ihm fremdes Gebiet, die Kammermusik, und die äußere Veranlassung waren seine damals recht knappen Geldverhältnisse und außerdem der Wunsch, den kommenden Sommer im Auslande zu verleben. Er veranstaltete ein Konzert, das aber wenig Kosten machen durfte. Da er also kein Orchester zur Verfügung hatte, schrieb er ein Streichquartett, zu dessen Uraufführung die ersten Moskauer Künstler Ferdinand Laub, Johann Hrimaly, Minkus und Wilhelm Fitzenhagen sich anboten. So entstand das

Streichquartett opus 11 in D=dur, und in der glänzenden Ausführung fand es stürmische Anerkennung. Es sei aber auch gleich gesagt, daß es eine seiner glücklichsten Eingebungen war. Namentlich der zweite Satz, das Andante cantabile, in dem er das einem Arbeiter abgelauschte Volkslied einflocht und von der ersten Violine in Begleitung der drei anderen sordinierten Instrumente spielen läßt, kann nirgends seine Wirkung versagen. Bei dieser Aufführung lernte er den eben anwesenden Dichter Turgenjeff kennen, der an ihm und seiner Musik den größten Gefallen fand und nun mit ihm in dauernder Verbindung blieb.

In der nächsten Zeit war Tschaikowsky ganz besonders fleißig. Es entstand unter anderem „Ein Leitfaden zum praktischen Erlernen der Harmonie", in dem er sich durch eine besondere Faßlichkeit und gute Aufteilung des Materiales auszeichnete. Paul Juon hat später das Werk in deutscher Sprache erscheinen lassen. Die durch Stassow angeregte Phantasie „Der Sturm" wurde konzipiert und in guten Farben ausgeführt, der Höhepunkt ist aber das Liebesduett zwischen Ferdinand und Miranda, da fließen ihm Melodien zu, die ganz prächtig sind.

Unterdessen entstand auch die zweite Sinfonie, zu deren zweiten Satz er einige Stellen aus seiner vernichteten Oper „Undine" verwendete. Und gerade dieser Satz ist der wirksamste und ist auch besonders schön instrumentiert. Aber auch der erste und dritte Satz enthalten viel Anmutiges und Schönes, während der letzte Satz wieder echt russisch wild sich gebärdet. An Farbenfreudigkeit steht sie den bisher aus Tschaikowskys Feder geflossenen Arbeiten nicht nach. Über diese Arbeit schreibt er Stassow: „Meine Sinfonie ist noch nicht gespielt, wegen des Todes von Helene Pawlowna. Die Aufführung geht nächster Tage vor sich, ich bin sehr unruhig und habe etwas Angst wegen der Schwierigkeiten. Sobald sie gespielt ist, sende ich sie an Bessel (seinen Moskauer Verleger), der sie zunächst Balakirew zur Durchsicht und dann der liebenswürdigen Frau N. N. Rimski-Korsakow geben soll." In einem nächsten Briefe berichtet er: „Gestern wurde endlich meine Sinfonie aufgeführt und hatte großen Erfolg, so großen, daß Rubinstein sie im 10. Konzert auf Verlangen des Publikums noch einmal spielen lassen will. Aufrichtig gesagt, bin ich mit den ersten drei Teilen nicht besonders zufrieden, während der ‚Kranich‘ selbst gar nicht übel herausgekommen ist. Wegen der Übersendung der Partitur spreche ich morgen mit Rubinstein; ich muß erfahren, wann unser 10. Konzert stattfindet. Ich möchte bis dahin einige orchestrale Details verbessern; ich muß wissen, wieviel Zeit das alles erfordert, und danach entweder die Partitur sofort schicken, oder das 10. Konzert abwarten und sie dann Nadeshda Nikolajewna (Korsakoffs Frau) ganz überlassen." Man sieht daraus, daß er an seinen Arbeiten immer verbesserte und änderte und nie mit ihnen so eigentlich zufrieden war.

Für die Eröffnungsfeier der polytechnischen Ausstellung im Jahre 1872 in Moskau schrieb er eine Kantate für Soli, Chor und Orchester, deren Partitur er jedenfalls auch vernichtet hat, denn sie ist nicht mehr zu finden. Im Jahre 1873 schuf er die Musik zu der Dichtung „Sneguroschka" (Schneewittchen) von Ostrowsky in dem kurzen Zeitraum von zwanzig Tagen, und am 11. (23.) Mai ging das Werk in Szene und fand ganz besonderen Beifall, der aber ganz auf Rechnung Tschaikowskys fällt, denn die Dichtung ist ziemlich handlungslos, während die Musik überaus stimmungsvoll ist.

Zur Komposition seiner fünften dramatischen Arbeit kam er auf eigenartige Weise. J. Polonsky hatte nach der Dichtung „Die Nacht vor Weihnachten" von Gogol das Textbuch der Oper „Wakula der Schmied" gemacht, und Sseroff sollte dieses auf Wunsch der Großfürstin Helena Pawlowna in Musik setzen. Sseroff starb jedoch im Jahre 1871, und nun schrieb die Petersburger Musikgesellschaft einen Preis für die beste Vertonung der Arbeit aus. Sieben Partituren waren eingegangen, man entschied sich für diejenige, die das Kennzeichen „Ars longo, vita brevis" trug, und als deren Verfasser Peter Tschaikowsky sich entpuppte. Im Jahre 1876 wurde die Oper im Marientheater zu Petersburg aufgeführt und brachte dem Autor eine reiche Menge von Ehrungen, denen er aber kühl gegenüberstand, denn wieder war er mit seiner Arbeit nicht zufrieden. Er war sein strengster Kritiker und hoffte immer noch Besseres schaffen zu können. Das hinderte aber nicht, daß er später gerade auf den „Wakula" mit besonderem Gefallen zurückblickte.

Tschaikowsky kam sehr oft in die merkwürdige Lage, daß er mit denen seiner Arbeiten, die den breiten Massen des Publikums gefielen, nicht zufrieden war, dagegen bei den Arbeiten, für die er Anerkennung bei ganz speziellen Persönlichkeiten erhoffte, fast immer enttäuscht wurde. So ging es ihm mit seinen beiden nächsten Arbeiten, dem Streichquartett in F-dur und dem Konzert in B-moll für Klavier und Orchester. Das Streichquartett wurde in Gegenwart Anton Rubinsteins, seines einstigen Lehrers, auf dessen Urteil er das größte Gewicht legte, probiert. Anton Rubinstein erklärte am Schlusse, das sei keine Kammermusik, sondern ein bloßes Stimmengewirr. Ebenso erging es ihm mit dem Klavierkonzert, das Tschaikowsky Nicolai Rubinstein widmen wollte und auch von ihm durchspielen ließ. Auch dieser hatte an der Arbeit nur herumzunergeln, er fand es undankbar und unpraktisch für den Spieler und verlangte eine Menge Änderungen. Tschaikowsky blieb aber dieses Mal fest, gab es so in Druck, wie es geschrieben war, und widmete es Hans von Bülow. Dieser spielte es dann auf seiner amerikanischen Tournee in Boston und hatte damit größten Erfolg, und gerade dieses Werk trug zur Verbreitung des Namens des Komponisten im Westen Europas viel bei. Daß Anton Rubinstein auch bezüglich des Streichquartettes sich geirrt hatte, bewies dessen späterer Erfolg. Und gerade diese Arbeit zeigt uns den Meister von einer besonderen Seite. Das Motiv des ersten Satzes ist gewiß unscheinbar, aber was weiß Tschaikowsky hier in Umbildungen und Neugestaltungen zu machen. Im Scherzo wieder muß der Widerspruch des Tanzrhythmus zu der schwermutsvollen Träumerei den Kenner wie den Laien reizen. Anton Rubinstein hat übrigens später sein Urteil über Tschaikowsky gründlich geändert, denn in seinen Erinnerungen nennt er unter den außerordentlichen Talenten, die aus dem Petersburger Konservatorium hervorgegangen sind, auch Tschaikowsky und bezeichnet ihn als genialen Komponisten, der, erst 50 Jahre alt, schon den Höhepunkt seines Ruhmes erreicht hat und in ganz Europa bekannt ist.

Das Jahr 1875 brachte die dritte Sinfonie und das Streichquartett in Es-moll. Hatte er sich bisher in seinen Sinfonien an die übliche Form gehalten, so durchbrach er diese in seiner neusten Arbeit. Die Sinfonie in D-dur beginnt mit einem Trauermarsch, der in ein Allegro übergeht. Einem deutschen Walzer folgt dann das Andante eligiaco, der dritte Satz ist ein Scherzo, und der vierte Satz schließt mit einer Polonäse. Die träumerische Stimmung im Andante ist von hinreißender Wirkung, das Scherzo voll glühendster Farbenpracht. Das sind die Extreme, die Tschaikowskys Natur beseelen, und die wir immer wieder finden werden. Nach dieser Arbeit war er so erschöpft, daß er auf ärztlichen Rat pausieren und versprechen mußte, kein Notenpapier anzurühren. Er unternahm eine Reise ins Ausland, und als er zurückkam, hatte er sein Streichquartett im Kopfe vollständig fertig entworfen, so daß er es nur mehr niederzuschreiben hatte. Das Werk ist dem Andenken des am 17. März 1875 in Gries bei

Bozen verstorbenen Ferdinand Laub, einem Meister, der sich immer für Tschaikowsky eingesetzt hatte, gewidmet. Seine Stimmung ist eine durchweg düstere, ein Andante funèbre weist auf seine Entstehung hin. Es ist enorm schwer zu spielen, es ist aber eine der besten und edelsten Früchte der Tschaikowskyschen Muse.

Auch das Jahr 1876 trug reiche Gaben ein. So erhielt er von der Direktion des „Großen Theaters" in Moskau den Auftrag, die Musik zu dem Ballett „Der Schwanensee" zu schreiben. Es handelt sich hier um die fast bei allen Völkern vorfindliche Sage der Verwandlung einer Prinzessin und ihrer Gespielinnen in Schwäne. Die Treue eines liebenden Jünglings kann sie erlösen, aber Prinz Siegfried, der die Schwanenjungfrau erblickt und mit Liebesschwüren fesselt, ist untreu, und die Betrogene muß sich wieder in einen Schwan verwandeln. Tschaikowsky hatte für dergleichen Märchenstoffe große Vorliebe und warf sich mit wahrem Feuereifer auf das Thema. Die Musik ist überaus zart und fein erdacht und durchgeführt und erfreute sich bei der Erstaufführung vollster Anerkennung. Das russische Ballett hat dieses Werk bei seinen Gastspielen in den deutschen Städten im Jahre 1912 im Repertoire gehabt.

Weit ab von der graziösen Art dieses Themas lag die zweite Arbeit, die Tschaikowsky im Jahre 1876 schuf. Es war dies die sinfonische Dichtung „Francesca da Rimini", und wenn ein deutscher Kritiker sagt, daß dem russischen Komponisten die Hölle noch um einige hundert Grade Reaumur heißer erscheint als dem Italiener, die Brandung der sturmgepeitschten Meeresflut ihm noch zischender und brausender, das Geheul des Sturmwindes noch grausiger und das Wehgeschrei der armen Verdammten noch gräßlicher erscheint, so zeigt dies den Unterschied, der zwischen beiden Werken lag. Das Orchester ist mit einer Virtuosität behandelt, wie sie nur noch Berlioz übertroffen hat, die Musik geht bis zum Äußersten, und doch weiß er auch in der Francesca-Episode hell und liebenswürdig zu sein. Und noch als weiterer Kontrast sind die 1876 entstandenen Klavierstücke „Die Jahreszeiten" zu nennen, die voll intimer Reize sind und uns den Meister auch auf dem Gebiete der Klavierliteratur als hervorragend erscheinen lassen.

Ein wichtiges Ereignis für Tschaikowsky brachte das Jahr 1876. Die „Russischen Nachrichten" schickten ihn zum Zweck der Berichterstattung nach Bayreuth. Bis 1862 hatte er wenig Gelegenheit gehabt, Wagners Werke kennen zu lernen, 1863 aber war der Meister selbst nach Rußland gekommen und machte auch die Russen in mehreren Konzertaufführungen mit seinen Arbeiten bekannt. Tschaikowsky konnte sich schon damals für Wagner und seine Art nicht begeistern. Nun hatte er den „Nibelungenring" bühnengemäß kennen gelernt, und es ist immerhin interessant, was er schrieb. An seinen Bruder Modest, also nicht offiziell, schreibt er: „Am Donnerstag war es endlich zu Ende. Nach den letzten Akkorden der ‚Götterdämmerung' fühlte ich mich wie aus einer Gefangenschaft befreit. Die ‚Nibelungen' mögen in der Tat ein großartiges Werk sein, gewiß ist aber auch, daß es noch nie eine so unendliche und so langweilige Faselei gegeben hat. Die Auftürmung der kompliziertesten und ausgetüfteltsten Harmonien, die Farblosigkeit des Gesanges auf der Bühne, die unendlich langen Monologe und Dialoge, das Dunkel des Zuschauerraumes, die Abwesenheit jeglicher Poesie, jeglichen Interesses der Handlung, — alles das hat meine Nerven bis zum letzten Grade ermüdet. Also das ist es, was die Reform Wagners erstrebt; früher war man bemüht, die Leute durch die Musik zu erfreuen — heutzutage jedoch quält man sie." In seinem Referate schreibt er: „Ich habe den Eindruck davongetragen, daß die Trilogie sehr viele außerordentlich schöne Stellen aufzuweisen hat, namentlich in sinfonischer Beziehung, was sehr merkwürdig ist, da Wagner jedenfalls nicht die Absicht hatte, eine Oper im sinfonischen Stil zu schreiben. Ich bewundere ehrerbietig das kolossale Talent des Komponisten und seine ungeheure, noch nie dagewesene Technik. Und doch zweifle ich sehr an der Richtigkeit des Wagnerschen Opernprinzipes, will aber das Studium dieser kompliziertesten aller bisher komponierten Musik fortsetzen." Tschaikowsky nennt nun den „Ring" stellenweise langweilig, die Harmonik oft nicht ganz einwandfrei, zu gesucht, und seine Theorie fehlerhaft, kommt aber dann doch zum Schlusse, daß die Trilogie „ein welterschütterndes Ereignis, ein epochemachendes Kunstwerk", sei.

Zu erwähnen ist weiters die Bekanntschaft mit dem Grafen Leo Tolstoi. Tschaikowsky schreibt am 23. Dezember 1876 an seine Schwester: „Graf Tolstoi hat sich hier einige Tage aufgehalten. Er hat mich wiederholt besucht und zwei ganze Abende mit mir zugebracht. Ich fühle mich außerordentlich geschmeichelt und bin stolz, sein Interesse wachgerufen zu haben; bin ganz bezaubert von dieser idealen Persönlichkeit." Freilich zehn Jahre später schrieb er nochmal über diese Begegnung, aber schon etwas abgekühlter: „Als ich das erstemal mit Tolstoi zusammenkam, war ich voller Angst und fühlte mich ganz unheimlich in seiner Gesellschaft. Mir schien, als müßte dieser große Kenner des Herzens der Menschen fähig sein, beim ersten Blick im Tiefinnersten meines Ichs lesen zu können. Ich war überzeugt, daß auch nicht die kleinste dunkle Seite meines Innern, daß kein schwacher Punkt seinem Auge entgehen könne; daher würde es nichts fördern, ihm nur meine beste Seite zu zeigen. Wenn er ein edler Mensch ist (was doch eigentlich vorausgesetzt wird), so wird er, reflektierte ich, die wunde Stelle mit zarter Hand sondieren, wie ein Chirurg, der den Sitz des Leidens kennt und vermeiden wird, ihn zu reizen. Ist er nicht so mitleidig, so wird er seinen Finger ohne viel Umstände auf die wunde Stelle legen. Auf jeden Fall versetzten mich beide Möglichkeiten in Aufregung. In Wirklichkeit aber fand nichts von beiden statt. Der große Analytiker der Menschennatur zeigte sich im Verkehr mit seinen Mitmenschen als ein einfacher, schlichter, warmherziger Mann, der von der mir so gefürchteten Allwissenheit gar keinen Gebrauch machte. Augenscheinlich betrachtete er mich gar nicht als einer Sezierung würdiges Objekt, sondern er wollte nur mit mir etwas über Musik plaudern, für die er damals großes Interesse zeigte. Unter anderem schien er sich darin zu gefallen, Beethoven herabzusetzen und sogar ganz direkt seine Genialität zu bestreiten. Dieser Zug ist eines großen Mannes nicht würdig. Das Bestreben, einen genialen Menschen, der von aller Welt anerkannt ist, herabzusetzen, weil man ihn nicht versteht, ist im allgemeinen ein charakteristischer Zug von beschränkten Leuten." Freilich wußte Tschaikowsky damals nicht, daß er selbst einmal folgendes Urteil über Beethoven abgeben würde: „Ich bin nicht gerade geneigt, die Unfehlbarkeit von Beethovens Gesetzen zu proklamieren, und ohne seine große musikhistorische Bedeutung zu bestreiten, protestiere ich gegen die Unaufrichtigkeit, die alle seine Werke, ohne zu unterscheiden, preist. Aber zweifellos hat Beethoven in einigen seiner Sinfonien eine Höhe erreicht, zu der kaum einer seiner Zeitgenossen gelangen konnte."

Im Jahre 1876 beschäftigten ihn neuerlich Opernpläne. So arbeitete er lange Zeit mit dem Dichter Swanzeff, der merkwürdigerweise ein fanatischer Parteigänger Wagners war, an einer operntextlichen Behandlung der Leidensgeschichte Francesca da Rimini, die er ja schon sinfonisch bearbeitet hatte, aber er konnte sich mit dem Textdichter über dessen sonderbare Forderungen nicht einigen und ließ diesen Plan wieder fallen. Dann riet ihm die Sängerin Lawroskaja, den „Eugen Onegin" von Puschkin für eine Oper zu verwenden, und er beauftragte den Schauspieler Schilowsky, den Text zu machen.

Bald darauf begann er die ersten Gedanken niederzuschreiben, und gleichzeitig entstanden auch die ersten Entwürfe zu seiner vierten Sinfonie.

Unterdessen war aber ein Ereignis eingetreten, das schwere Schatten auf sein ferneres Gemütsleben warf. Vor vier Jahren war ein Mädchen ins Konservatorium eingetreten, das er schon 1860 als Kind kennen gelernt hatte. Antonina schien aber wenig begabt gewesen zu sein, denn Tschaikowsky äußerte sich sehr bald: „Besser ist's, Sie heiraten." Und nun bildete sie sich ein, Tschaikowsky zu heiraten. Vier Jahre umschwärmte sie ihn, bis sie sich endlich entschloß, ihm brieflich ihr Herz auszuschütten, und Tschaikowsky ging auf diesen Briefwechsel ein. Schließlich besuchte er sie, erklärte ihr, daß er eigentlich schon ein Greis sei, der Liebe sich nicht gewachsen fühle und ihr bald langweilig werden dürfte. Verliebten weiblichen Wesen kann man aber mit dergleichen Argumenten nicht kommen, sie widerlegte alles dadurch, daß sie behauptete, schon glücklich zu sein, wenn sie nur in seiner Nähe weilen dürfe und beständig um ihn sein könne. Nochmals erklärt Tschaikowsky, nie geliebt zu haben, aber sie sei das erste Weib, das ihm gefalle, und wenn sie mit einer mehr brüderlichen Liebe sich bescheide, so sei er bereit, auf ihren Antrag einzugehen. Tschaikowsky und Antonina waren nun eine Woche lang ein Brautpaar, das sich nach außen sehr zeremoniell gab, dann verlangt Tschaikowsky einen Monat Urlaub, um aufs Land zu gehen und seine Oper „Eugen Onegin" zu schreiben. Nach vier Wochen kehrte er wieder zu seiner Braut zurück, und am 27. Juli 1877 fand die Trauung statt. Sechs Wochen dauerte die Ehe, dann verläßt er seine junge Frau, um angeblich in einen kaukasischen Kurort zu reisen, in Wahrheit aber seine Schwester aufzusuchen und dieser sein Leid zu klagen, denn er fühlte sich als Gatte kreuzunglücklich. Dann ist er wieder drei Wochen bei ihr, verläßt sie aber neuerlich unter der Vorgabe, eine Geschäftsreise machen zu müssen. Mitte November war der kurze Ehetraum zu Ende, er hatte seine Frau nie wieder gesehen, und erst aus seinem Testament, in dem er Antonina eine kleine Rente auswarf, erfuhren viele seiner Freunde, daß er überhaupt verheiratet gewesen war.

Den ganzen Winter 1877/78 brachte er in der französischen Schweiz und in San Remo zu, er fühlte sich sehr leidend. Als er wieder zurückkam, war er nur einen Monat im Konservatorium tätig, dann fuhr er zu seinem Bruder Anatol, und dort traf ihn ein Freund, der Schauspieler Lazary, der von ihm sagt: „Hier sah ich ihn wieder und war erstaunt über die Veränderung, die mit ihm vorgegangen war. Wie durch einen Zauber schien der junge Mann sich in einen alten verwandelt zu haben, doch das kindlich heitere Lachen und der Humor waren ihm geblieben. Das merkte ich, als ich ihm nachmachte, wie verlegen er das erstemal ans Dirigentenpult getreten und wie ungeschickt und verwirrt er damals den Dirigentenstock ergriffen hat."

Wie er sich aber selbst fühlte, geht aus einem Briefe hervor, den er an einen Freund richtete. Er schreibt: „Was die Seele anbelangt, so hat sie eine Wunde empfangen, von der ich mich wohl niemals wieder erholen werde. In Wirklichkeit, scheint mir, bin ich un homme fini! Ich werde natürlich am 1. September 1878 wieder im Konservatorium sein, wie zuvor werde ich in der Harmonielehre Unterricht erteilen, und die Nähe meiner alten Freunde wird mir wohltuend sein — aber das Vergangene kehrt nie wieder, niemals! Es ist etwas in mir gebrochen, die Flügel sind mir gestutzt, zu hohem Fluge tauge ich nimmermehr."

In dieser Stimmung schrieb Tschaikowsky die Oper „Eugen Onegin", die er eigentlich nur zu Studienzwecken bei Schülerproduktionen im Moskauer Konservatorium dem Direktor Nicolai Rubinstein übergeben hatte. Unterdessen bekam aber der Zar den Klavierauszug der Oper in die Hände und befahl deren Aufführung im Kleinen Theater zu Moskau, die denn auch am 29. Mai 1879 stattfand. Der Text hält sich eng an die Puschkinsche Dichtung, bringt aber doch nur einzelne Szenen, so daß derjenige, der die Originaldichtung nicht kennt, in der Oper sich auch nur schwer zurechtfinden wird. Eugen Onegin kommt aus dem wilden und zügellosen Leben der Großstadt, das ihn die Verachtung der menschlichen Gesellschaft kennen lernen gelassen hat, auf den Landsitz seines Oheims. Hier macht er die Bekanntschaft der Tatjana, der Tochter einer Gutsnachbarin, einer schwermütigen Träumerin, die in Eugen Onegin ihr Ideal erblickt und ihm dies auch in einem Briefe mitteilt. (Die Ähnlichkeit mit seinem eigenen Schicksal ist hier augenfällig.) Er ist von dem Geständnis wohl tief gerührt, fühlt sich aber als Genußmensch ihrer nicht würdig und lehnt sie ab. Auf einem Balle bei Tatjanas Mutter will er sich an seinem Freunde Lenski rächen und macht dessen Braut, der Schwester Tatjanas, den Hof. Es kommt zu einem Duell, bei dem Lenski, durch seine Kugel getroffen, stirbt. Fast dreißig Jahre später, nachdem er neuerlich die ganze Welt durchstreift hat, trifft er Tatjana wieder, nun ist sie aber die Gattin des Fürsten Gremina. Seine Leidenschaft für sie erwacht wieder, nun aber lehnt sie ab, denn sie will ihrer Pflicht als Gattin nicht untreu werden. Dieser dichterische Vorwurf hat vor allem den Fehler, daß ihm die dramatisch unbedingt nötige Zeiteinheit fehlt, die Pause von dreißig Jahren wird immer störend wirken. Die Hauptperson ist auch ein Gemisch von Gestalten des Ahasver, des Peter Schlemihl, des Byronschen Don Juan, des Kain, die den breiten Massen des Publikums stets fremd bleiben werden. Zur richtigen Illustration dieser Erscheinung hätte es eines stärkeren dramatischen Talentes, als es der Textdichter war, bedurft, und dieser wäre daran vielleicht gescheitert. Auch Tschaikowsky war nicht der richtige Musiker, dieser Erscheinung in seiner Musik die nötige Folie zu geben. Man nennt ja Tschaikowsky nicht ohne Grund den russischen Schumann, er ist Lyriker, hier ist er hochstehend wie keiner seiner Landsleute, in der Dramatik ist er aber schwach. Man findet bei ihm auch hier die duftigste Poesie, die uns wie der Hauch des Frühlings anmutet, immer aber rüttelt uns Gewaltsames, wie es ja auch der Frühling oft mit sich bringt, aus der Stimmung heraus. Schwermütige Träumerei steht neben gewaltsamem Aufbrausen von Gefühlen, wir kommen nicht zu ruhigem Genießen. Daß Tschaikowsky im Orchestralen wieder sein Bestes bot, war nach allem, was er bisher geleistet hatte, wohl zu erwarten. Echt Russisches bietet die Oper nicht, nur die Chor- und Tanzweisen verwenden nationale Weisen, alles andere aber ist eher französisch und deutsch gefühlt. Die wertvollsten Szenen sind die Schnitterszene, das Duett zwischen Lenski und Olga, das Finale des zweiten Aktes, die Gewissensnot Onegins, die Arie des Fürsten und das Geständnis der Tatjana. Wirklich bekannt geworden sind aus der Oper der Walzer und die Polonäse, sie sind auch in Konzerten oft genug zu hören.

Interessant ist es übrigens, wie er sich selbst über den gewählten Operntext ausspricht. Er schreibt an S. J. Tanejew: „Es ist sehr leicht möglich, daß Sie recht haben, wenn Sie behaupten, meine Oper sei nicht bühnenmäßig. Die Tatsache, daß ich keine Bühnenader besitze, ist schon längst festgestellt. Was sind eigentlich die Effekte? Wenn sie z. B. in einer ‚Aida‘ zu finden sind, so kann ich Sie versichern, daß ich um keine Reichtümer der Welt eine Oper mit einem ähnlichen Sujet schreiben würde, denn ich brauche lebendige Menschen und keine Puppen. Ich werde stets gerne eine Oper schreiben, welche jeglicher Effekte bar ist, aber in welcher nur ähnliche Wesen vorkommen, mit denselben Gefühlen und Gedanken, die ich auch habe und verstehe. Die Gefühle einer ägyptischen

Prinzessin, eines Pharao oder eines verrückten Nubiers kenne ich nicht, verstehe ich nicht. Irgendein Instinkt sagt mir, daß diese Menschen ganz anders fühlen, handeln, reden und ihre Gefühle ausdrücken als wir. Darum würde meine Musik, welche — ungeachtet meines Wollens — vom Schumanismus, Wagnerismus, Chopinismus, Glinkismus, Berliozismus und verschiedenen anderen der neuesten ‚Ismen' durchdrungen ist, mit den handelnden Personen einer ‚Aida' ebenso schlecht harmonieren, wie die schönen und galanten Reden der Helden Racines, welche sich gegenseitig mit ‚Sie' anreden, sich von der Vorstellung von dem echten Orestes und der echten Andromache decken. Eine solche Musik würde eine Lüge sein, und jede Lüge verabscheue ich. Übrigens ernte ich die Früchte meiner gar zu geringen Belesenheit: wenn ich in den Literaturen der verschiedenen Völker besser bewandert wäre, so würde ich gewiß etwas finden können, was meinem Geschmacke entspräche und zugleich bühnengerecht wäre. Zu meinem Bedauern bin ich nicht imstande, selbst etwas zu finden, kenne auch niemanden, der mich auf ein ähnliches Sujet aufmerksam machen könnte, wie zum Beispiel Bizets ‚Carmen' eines ist, eine der köstlichsten Opern unserer Zeit. Sie werden mich fragen, was ich denn eigentlich will? Gut, ich will's Ihnen sagen. Ich will vor allen Dingen keine Könige, keine Volkstumulte, keine Götter, keine Märsche, kurz nichts von allem, was zu den Attributen der ‚grand opera' gehört. Ich suche ein intimes, aber erschütterndes Drama, welches auf dem Konflikt solcher Situationen basiert, die ich selbst durchgemacht oder gesehen habe, und welche mein Herz zu rühren imstande sind. Auch gegen das phantastische Element hätte ich nichts einzuwenden, denn es beengt nicht, bietet grenzenlose Freiheit. — Ich glaube, ich drücke mich nicht klar genug aus. Mit einem Wort: Aida steht mir so fern, ihre Liebe zu Radames, welchen ich mir ebensowenig vorstellen kann, läßt mich so vollständig kalt, daß ich keine vom Gefühl durchschwärmte Musik dazu schreiben könnte."

Am 23. Januar 1881 ging dann der „Eugen Onegin" auf dem Großen Theater zu Moskau in Szene und wurde im folgenden Jahre auch in Petersburg zur Auffführung gebracht. Dann kam die Oper im Jahre 1892 nach Westeuropa, wurde in Hamburg gegeben und ging in schneller Folge über die bedeutendsten Bühnen der Welt, so 1895 in Nizza, 1897 in Wien, 1898 in Berlin (Westendtheater), 1900 in Köln und Mailand, 1902 in Budapest und Frankfurt am Main, 1906 in Amsterdam und London, 1907 in Karlsruhe, 1908 in Newyork und Dresden, 1909 in Zürich, 1910 in Weimar, 1911 in Paris, 1912 in Lübeck und 1913 in Berlin (im deutschen Opernhause).

Gleichzeitig mit der Oper entstand die vierte Sinfonie, der er den Untertitel „Die Macht des Schicksals" mitgab. Im ersten Satz wechseln Violin- und Violoncellkantilenen mit schmetternden Schicksalsfanfaren ab, der zweite Satz, ein Andantino, bringt ein echt russisches Thema melancholischen Charakters, der dritte Satz, ein Scherzo, ist eine originelle und pikante Pizzikatostudie, die freilich sehr billige Effekte in sich birgt, aber von einem guten Orchester gespielt immer Wirkung macht. Tschaikowsky sagt hier selbst: „Je schneller, desto besser." Der vierte Satz ist ein rasendes Allegro, in dem der Gedanke „Freue dich an der Freude anderer, und du kannst noch leben" zum Ausdruck kommen soll. Es wird hier sehr viel Lärm gemacht, und ein Kritiker sagt nicht mit Unrecht, daß hier in dem Getümmel, in dem Gebrause und Gebrülle des aufgewühlten Ozeans wahrlich nur noch ein paar Kanonenschüsse fehlen. Die Sinfonie ist von Tschaikowsky „seinem besten Freunde" gewidmet, und dieser Freund ist eine reiche, hochherzige Dame in Moskau, die ihm vom Jahre 1877 an eine jährliche Rente von 6000 Rubel ausgesetzt und ihn so in die Lage ruhigen, von Sorge und Not freien Schaffens gebracht hatte. Im Jahre 1879 erhielt er dann auch noch aus der kaiserlichen Schatulle einen Ehrensold von 3000 Rubel, und an Honoraren und Tantiemen nahm er auch durchschnittlich 3000 Rubel ein, so daß seine Existenz völlig gesichert war. Er verließ auch deshalb im Jahre 1878 seine feste Stellung am Moskauer Konservatorium und lebte sehr viel im Auslande.

In Clarens am Genfersee schrieb er seine Oper „Die Jungfrau von Orleans", die ihm leider nur einen geringen Erfolg brachte. Wer übrigens Tschaikowsky kannte, durfte im voraus sagen, daß ein Mißerfolg kommen muß. Er war viel zu viel Lyriker, er konnte nur die absoluten Herzensgefühle, Liebe und Leiden des menschlichen Wesens behandeln, hier fand er die richtigen Farben auf seiner Palette. Ein Schriftsteller sagt sehr richtig: „Sein zerknirschter, von einem unsäglichen, bisher noch nicht enträtselten Kummer niedergedrückter Seelenzustand ließ ihn nicht bis zu jener Objektivität erheben — nur dort fühlte er sich in seinem unheimlich rauschenden Fahrwasser, wo er die sein Inneres berührenden Saiten erklingen lassen konnte. Die Persönlichkeit der Johanna war in dieser Beziehung für Tschaikowsky ein dankbares Material; ihre physische Zerrissenheit entsprach seinem Naturell." Wo es sich aber um die musikalische Darstellung der Geschichte, um historische Begebenheiten handelt, wird er matt, oder er gerät in Extreme, die eher abstoßen als anziehen. Auch in dieser Oper bietet er prächtige Stellen, so das Duett zwischen Lyonel und Johanna, das von einer Poesie durchweht ist, wie man es schwerlich in vielen anderen dramatischen Werken der Neuzeit finden wird, aber dies sind Oasen in der Wüste, sie werden von schwachen Stellen erdrückt. Der Erfolg der Oper war auch ein sehr geringer.

Tschaikowsky mußte aber immer wieder die Scharte auszuwetzen. Zur fast gleichen Zeit entstanden unter anderen die erste Orchestersuite in D-moll, das Nicolai Rubinstein gewidmete zweite Klavierkonzert und die große „Ouvertüre 1812". Seine Orchestersuiten, deren er eine ganze Reihe geschrieben hat, gehen ja nicht tief, sie sind mehr Klangspielereien, die in ihrer Wirkung auf das unbefangene Publikum aber nie versagen werden. Es kann wohl niemand dem Reiz widerstehen, den in der ersten Suite das schwermütige Intermezzo, das Divertissement mit dem entzückenden Walzerrhythmus, der fein instrumentierte Miniaturmarsch, von einem guten Orchester gespielt, ausüben. Das Klavierkonzert ist in erster Linie für den Solisten überaus dankbar und gehört zu den besten Eingebungen des Komponisten. Wieder aber finden wir in dem Andante einen Gesang, der uns Tschaikowsky als Lyriker par excellence zeigt. Das Finale endlich ist in seinen nationalen Anklängen voll Geist und Feuer. Die „Ouvertüre 1812" wurde zur Einweihung der Erlöserkirche in Moskau geschrieben. Es soll in ihr der Sieg der Russen und der Untergang der Franzosen durch den Triumph der russischen Nationalhymne über die Marseillaise angedeutet werden. Die Besetzung ist ein Streichorchester, Pikkolo, zwei Flöten, Oboen, Klarinetten, Englischhorn, vier Hörner, zwei Pistons, zwei Trompeten, drei Posaunen und Tuba, Pauken in G, B und Es, Triangel, Tamburin, Militärtrommel, große Trommel, Becken, Glocken, ein Instrument, welches Kanonenschüsse imitiert, und ad libitum eine „Banda". Aus dieser Zusammenstellung ersieht man schon, daß die Arbeit auf den Effekt hin gearbeitet ist. Sie ist aber auch zu lang geraten und zeigt uns außerdem Tschaikowsky auf einem Gebiete, auf dem er sich nicht besonders heimisch fühlte.

Am 1. (13.) März 1881 starb Nicolai Rubinstein, dem Tschaikowsky so viel verdankte. Er widmete seinem Andenken das Trio in A-moll. Es ist eines seiner eingänglichsten Werke und wird auch heute noch viel gespielt, denn „der flammende Erguß eines großen Herzens, das, unzugänglich der Frauenliebe, um so tiefer mitempfand, wenn ein Freund um die gleichen hohen künstlerischen Ziele gerungen hatte", kann an dem Hörer nicht spurlos vorübergehen.

In den Jahren 1882/83 komponierte Tschaikowsky wieder ein dramatisches Werk, die Oper „Mazeppa", deren Libretto nach dem Poem „Pultawa" von Puschkin gearbeitet, ursprünglich für Dawidoff bestimmt, dann aber von diesem Tschaikowsky überlassen wurde. Der Aufbau der Handlung ist leider recht unglücklich, es zieht nur eine Reihe von Bildern ohne Steigerung und Entwicklung an uns vorüber, und entsetzlich ist die Szene der Hinrichtung Kotschubeis, des Schwiegervaters des Mazeppa. Daß Tschaikowsky auch in diesem Werke ein großer Seelenschilderer war und namentlich die unglücklichen Stimmungen trefflich auszumalen wußte, war zu erwarten, aber es kommen auch viele ungemütliche Szenen vor, die leider überwiegen und den Zuhörer aus einem Entsetzen in das andere jagen. Der Komponist scheint selbst mit der Arbeit nicht ganz zufrieden gewesen zu sein, denn Kaschkin sagt in seinen Erinnerungen: „In der Hauptprobe des ‚Mazeppa' saß ich in einer Loge des ersten Ranges, in der benachbarten hielt sich der Komponist hinter einem Vorhange verborgen. Die Probe verlief vollkommen glatt, alle waren zufrieden, nur der Komponist hatte das Aussehen eines zum Tode Verurteilten. Am Schlusse der Probe wollte ich ihm ein paar Worte sagen, aber bei dem Anblick seines Gesichtes hielt ich ein; augenscheinlich machte er die größten Anstrengungen, einen nervösen Anfall zu unterdrücken, hätte ich jetzt auch nur ein Wort gesagt, so würde wahrscheinlich ein hysterischer Krampf die Folge gewesen sein." Nach der Uraufführung, die am 15. Februar 1884 stattfand, verschwand er auch sofort aus Moskau und begab sich wieder ins Ausland.

Im Jahre 1883 erhielt Tschaikowsky den Auftrag, für das Festmahl im Zarensaal bei der Krönung eine Festkantate zu schreiben. Bald darauf erhielt er den Wladimirorden und wurde vom Zaren in Gatschina in Audienz empfangen. Er befand sich dabei in einer geradezu krankhaften Aufregung und sagte selbst: „O, ich habe das Bewußtsein, daß ich mich wie ein verwirrter Knabe benommen und kein Wort meiner Verehrung für den Kaiser zum Ausdruck gebracht habe."

In einem Briefe an den Theaterunternehmer Prjanischnikow hatte Tschaikowsky einmal über den Opernkomponisten als Operndirigenten sich ausgesprochen und geschrieben: „Die Sache ist die, daß ein Komponist, der seine Werke dirigiert, und besonders ein so nervöser und unerfahrener Dirigent wie ich, eine Oper zugrunde richten oder wenigstens zum Skandal machen kann. In Moskau hat sich dies mit mir beinahe ereignet. Aber auch davon abgesehen finde ich, daß der dirigierende Komponist dem ganzen ausführenden Personal eine gewisse, sehr wenig zu wünschende Nervosität, ein gewisses Schwanken aufdrückt. Die Sänger, die Chöre, das Orchester spielen viel sicherer und ruhiger, wenn sie die gewohnte feste Hand ihres ständigen Kapellmeisters leitet." Das ist ja zum Teil richtig, aber Tschaikowsky mußte im Jahre 1887 doch noch einmal das Dirigentenpult besteigen, und dieses Mal ging es so gut, daß er, darauf bauend, sogar einen Antrag annahm, der ihn verpflichtete, seine Kompositionen im Auslande persönlich zu leiten. Ein Jahr vorher hatte er seine Oper „Wakula der Schmied" umgearbeitet und dem neuen Werke nun den Titel „Tscherewitschki" (Die Frauenschuhe) gegeben. Das kaiserliche Theater in Moskau hatte die Oper zur Aufführung angenommen, die Proben waren auch schon im besten Gange, und die Erstaufführung stand bevor, als der leitende Kapellmeister erkrankte. Um die Aufführung doch zu ermöglichen, blieb Tschaikowsky nichts anderes übrig als selbst einzuspringen. Er schreibt nun darüber: „Mit der wärmsten Sympathie meiner Freunde, mit den unschätzbaren Anleitungen Altanis und mit dem frohen Glauben an die Geneigtheit des Moskauer Publikums ausgerüstet nahm ich den Platz des Kapellmeisters am 19. Januar 1887 im kaiserlichen Großen Theater ein und dirigierte mit gutem Erfolge meine zum ersten Male aufgeführte Oper ‚Frauenschuhe'. Ich war damals schon 47 Jahre alt. Ein tüchtiger und berufener Kapellmeister hat in diesen Jahren außer den einschlägigen Eigenschaften, die von seiner natürlichen Begabung abhängen, gewöhnlich auch eine vieljährige Erfahrung aufzuweisen. In Anbetracht dessen, daß bei mir von alledem nicht die Rede sein konnte, verdient mein Debut ein vollkommen gelungenes genannt zu werden. Ich bin auch jetzt der Ansicht, daß mir die physischen, wie auch die moralischen Bedingungen für einen Kapellmeister abgehen, aber die letzten Erfahrungen bewiesen doch, daß ich imstande war, mit größerem oder geringerem Erfolge meine eigenen Tondichtungen zu dirigieren, und das war für meine ersprießliche Wohlfahrt notwendig."

Bald darauf, am 4. (16.) März 1887, dirigierte Tschaikowsky ein Konzert der Philharmonischen Gesellschaft in Petersburg, und auch darüber schreibt er: „Auch dieser Versuch war von Erfolg gekrönt. Zu meinem größten Erstaunen hörte ich aus dem Munde von Leuten, deren Urteil ich vollständig traue, so schmeichelhafte Äußerungen über mein Dirigieren, daß mir das Herz freudig im Busen schlug und ich wohl oder übel das stolze Bewußtsein des Sieges über mich selbst empfinden mußte, des Sieges über jene abscheuliche, grausame, moralisch-qualvolle Krankheit, von der ich im Laufe meines Lebens so viel und so lange zu leiden hatte, und die man Blödigkeit nennt. Ein sehr bekannter Kritiker, der in seinen Urteilen über mich nie Maß hielt, derselbe, welcher dereinst mein Debut auf dem Gebiete der Komposition mit den Worten begrüßte: ‚Herr Tschaikowsky ist ganz unfähig, er hat keinen Funken Talent' — dieser nämliche drohende, gereizte, aber nicht ganz unparteiische Richter des Feuilletons äußerte sich über mich, wiederum bis zur vollen Entstellung der Wahrheit übertreibend, dahin, daß ich ein vorzüglicher Dirigent sei. Und auch dieses Mal habe ich ihm nicht geglaubt, ebensowenig, als ich einst dem Wahrspruche von meiner absoluten Talentlosigkeit Glauben geschenkt hatte."

Am 20. Oktober 1887 hatte Tschaikowsky leider wieder einen Mißerfolg zu erdulden, seine neue Oper „Die Zauberin" war in Moskau abgelehnt worden, und auch in Petersburg erblühte ihr kein Glück. Er wollte in dieser Arbeit der neuen Richtung der russischen Musik Konzessionen machen, das war ihm aber nicht gelungen.

Ende Dezember 1887 trat er seine große Kunstreise an und konzertierte in Leipzig, Hamburg, Berlin, Prag, Paris und London. Die Konzerte in Kopenhagen, Dresden und Wien hatte die Ungeschicklichkeit eines Konzertagenten vereitelt, er bezeichnet denselben in seinen unter dem Titel „Musikalisches und anderes aus dem Leben" erschienenen Reiseberichte nur mit dem Buchstaben N. Schon in Leipzig traf er alte Bekannte, den Violinvirtuosen Adolf Brodsky und die Pianisten Alexander Siloti und Artur Friedmann. Brodsky hatte kurz vorher das dem Violinvirtuosen Leopold Auer gewidmete, aber von diesem als unspielbar bezeichnete Violinkonzert in Wien zum Vortrage gebracht, und Hanslick schrieb darüber: „Wir wissen, daß in der zeitgenössischen Literatur Werke auftauchen, deren Autoren die widerlichsten physiologischen Erscheinungen, wie z. B. den schlechten Geruch, ausführlich zu schildern lieben. Eine derartige Literatur kann man stinkende nennen, das Konzert des Herrn Tschaikowsky bewies uns, daß es auch stinkende Musik gibt." Und Brodsky spielte nun dieses „stinkende" Konzert, wo er nur konnte. Allerdings wurde er nicht selten darüber getadelt, aber er hat ihm doch den „schlechten Geruch" genommen, hat es der Vergessenheit entrissen, und heute wird es überall gerne gespielt und gehört. Bei Brodsky lernte Tschaikowsky auch Johannes Brahms und Edward Grieg kennen. Brahms war nach seiner Schilderung ein Mann von mittlerer Größe, starkem Umfange und ungemein sympathischem Äußeren. „Sein schönes Greisenhaupt erinnerte an den Kopf eines milden, schönen, russischen Geistlichen. Er hatte durchaus nichts Charakteristisches für das Bild eines Germanen, und daher ist es mir unbegreiflich, daß ein gelehrter Ethnograph seinen Kopf zum Titelstich für ein Werk wählte, um damit die originellen Züge eines Germanen zu veranschaulichen. Das erzählte Brahms mir selbst, da ich ihm meine Bemerkungen über sein Aussehen machte. Eine gewisse Weichheit des Gesamtausdruckes, die angenehme Rundung der Linien, die ziemlich langen und spärlichen grauen Haare, die gutmütigen, grauen Augen, der stark ergraute Vollbart, das alles vervollständigte das Bild eines richtigen Großfürsten, wie er speziell bei unserer Geistlichkeit anzutreffen ist. Brahms war ungemein schlicht in seinem Wesen, heiter und ohne jede Anmaßung. Die in seiner Gesellschaft verbrachten Stunden haben eine sehr angenehme Erinnerung in mir zurückgelassen. Ich muß gestehen, daß es mir nicht gelungen ist, ein wahres Verständnis für den bedeutendsten Vertreter der gegenwärtigen deutschen Musik zu gewinnen, obschon wir einen längeren gemeinsamen Aufenthalt in Leipzig hatten. Die Ursache hiervon ist darauf zurückzuführen, daß ich, wie alle meine russischen Musikgenossen, in Brahms den ehrlichen, überzeugten und energischen Musiker ehrte, ohne seiner Musik meine Liebe entgegenbringen zu können. In Deutschland dagegen ist der ‚Brahmsidealismus‘ außerordentlich verbreitet. Es gibt dort eine ganze Menge maßgebender Persönlichkeiten und ganze Musikinstitute, die sich völlig dem Kultus von Brahms widmen, den sie als eine Größe ersten Ranges schätzen, und den sie Beethoven an die Seite stellen. ‚Antibrahmsianer‘ gibt es allerdings auch und sonst im Auslande, mit Ausnahme von London, wo die wirkungsvolle Propaganda des dort unglaublich populären Geigers Joachim die Größe Brahms' zur Anerkennung brachte. Überall, sage ich, herrscht in gewissen Kreisen eine vollkommene Unkenntnis von Brahms, doch wird er nirgends so stark ignoriert wie in meinem Vaterlande. Die Musik dieses Meisters hat etwas Trockenes, Kaltes und nebelhaft Unbestimmtes, das ein russisches Herz zurückstößt. Von unserem russischen Standpunkte aus entbehrt Brahms jeder melodischen Empfindung, während seine musikalischen Gedanken nie ihren Höhepunkt erreichen. Kaum läßt sich der Ansatz zu einer leicht verständlichen melodischen Phrase vernehmen, als er auch schon in den Strudel minderwertiger harmonischer Läufe und Modulationen fällt, als habe der Komponist sich das spezielle Ziel gesetzt, unverständlich und tief zu sein. Er reizt und irritiert das musikalische Gefühl, da es seinen Forderungen nicht Genüge leisten will; er schämt sich förmlich der Töne, die zu Herzen gehen könnten. Indem man Brahms hört, frägt man sich, ist er tief, oder will er durch Tiefe die Phantasiearmut maskieren? Die Frage aber findet nie ihre endgültige Lösung. Nie kann man die Brahmssche Musik als schwach und ganz unbedeutend kennzeichnen. Der Stil dieses Komponisten ist erhaben, und im Gegenteil zu uns allen zeitgenössischen Tondichtern hascht er nicht nach äußerem Effekt, er bemüht sich nicht, durch glänzende Instrumentierungskombinationen zu überraschen und in Erstaunen zu versetzen, sondern alles ist ernst und nobel und jeder banalen Nachahmung bar. Er ist auch allem Anscheine nach ganz selbständig, aber es fehlt die Hauptsache — die Schönheit."

Am Schlusse sei noch aus diesen Erinnerungen Tschaikowskys einiger Zeilen gedacht, die er Artur Nikisch widmet. Er schreibt: „Die Leipziger Oper ist stolz auf ihren genialen jungen Kapellmeister Nikisch, einen Spezialisten für Wagners

Musikdramen aus der letzten Periode seines Schaffens. Ich hörte unter seiner Leitung das „Rheingold" und die „Meistersinger von Nürnberg". Das Orchester im Theater ist dasselbe, wie im Gewandhause, folglich ersten Ranges, aber so tadellos die Konzertaufführungen unter Karl Reineckes Direktion auch sein mögen, so kann man sich einen rechten Begriff von der Vorzüglichkeit der orchestralen Leistungen erst bilden, wenn man die Ausführung der schwierigen, komplizierten Wagnerschen Partituren hört, von einem so bewunderungswürdigen Meister in seinem Fache dirigiert, wie es Herr Nikisch ist. Sein Dirigieren hat nichts gemeinsam mit der berühmten und in ihrer Art unnachahmlichen Manier Hans von Bülows. So beweglich, unruhig und effektvoll in seinen zuweilen in die Augen fallenden Kunstgriffen beim Dirigieren der letztere auch ist, so wunderbar ruhig, jede überflüssige Bewegung vermeidend, aber dabei so erstaunlich mächtig, energisch und voll Selbstbeherrschung ist Artur Nikisch. Er dirigiert nicht, sondern es scheint, als ob er sich einer gewissen geheimnisvollen Zauberei hingibt; man bemerkt ihn kaum, er bemüht sich durchaus nicht, die Aufmerksamkeit auf sich zu lenken, und doch fühlt man, daß das ungeheure Orchesterpersonal, wie ein Instrument in den Händen eines bewunderungswürdigen Meisters, sich vollständig und willig den Anordnungen seines Hauptes fügt. Dieses Haupt nun ist ein mittelgroßer, sehr blasser junger Mann von etwa dreißig Jahren, mit schönen strahlenden Augen, der in der Tat über irgendeine zauberische Kraft verfügen muß, vermöge derselben er das Orchester zwingt, bald zu donnern wie 1000 Trompeten von Jericho, bald sanft zu girren wie ein Täubchen, bald zu verhallen in einem atemraubenden, geheimnisvollen Klang. Und dieses alles geschieht, daß die Hörer den kleinen Kapellmeister nicht einmal bemerken, der ruhig schwebt über seinem ihm sklavisch gehorsamen Orchester."

Die Reise war jedenfalls für Tschaikowsky von größter künstlerischer Bedeutung, denn nun kamen seine Werke erst recht in der Welt herum und bürgerten sich auf den Programmen der bedeutendsten Kunstinstitute ein. Unterdessen war er aber auch schöpferisch wieder außerordentlich fleißig gewesen, und es entstanden unter anderen einige seiner bedeutendsten Arbeiten, die „Manfredsinfonie", die fünfte Sinfonie und die Oper „Pique Dame". Die „Manfredsinfonie" war von Balakirew angeregt, und dieser schreibt ihm darüber: „Das Sujet, von dem ich Ihnen schrieb, habe ich zunächst Berlioz angeboten, der wegen Alters und Krankheit ablehnte, da er nichts mehr zu schaffen beabsichtigte. Ihre ‚Francesca' brachte mich auf den Gedanken, Sie würden diese Aufgabe glänzend erfüllen, natürlich, wenn Sie sich Mühe geben, viel Kritik auf Ihre Arbeit zu verwenden, die Phantasie in Ihrem Kopfe ausreifen lassen und nichts überstürzen. Für mich taugt dieses prächtige Sujet nicht, da es mit meiner Stimmung nicht harmoniert; für Sie dagegen paßt es wie ausgesucht. Das Sujet ist: Byrons ‚Manfred'." Er erläutert ihm nun das Programm, an das Tschaikowsky sich streng hielt, nur wechselte er die beiden Mittelsätze. Die Alpenfee erscheint schon im zweiten Satze vor Manfred, und nachher kommt erst die Alpenszene. Auch hielt er sich an den Fingerzeig, die Spuren des Berlioz zu verfolgen, ja er ging hier vielleicht weiter, als ihm gut war, denn seine Natur war dennoch eine andere als die des Franzosen. Was Berlioz' ganzes Sein und Wesen erfüllte, konnte er doch nur nachempfinden und nicht aus seinem Innern geben. Und doch übertrifft er, was die Instrumentationskunst betrifft, alles, was er bisher geschaffen hat. Namentlich der zweite Satz ist ein Kunststück der Instrumentierungskunst, das ihm nicht leicht ein zweiter Meister der Tonkunst nachgemacht hat. Hier bringt er Farben und Klangmischungen, die man vorbildlich nennen kann. Im ersten Satz kann er seiner eigenen Natur, die ja auch nie Ruhe fand, freien Lauf lassen, im dritten aber gerät er in das Fahrwasser von Berlioz zu stark hinein, und im vierten Satz geht er ganz auf den Effekt aus und wirkt nur mehr äußerlich. Kretzschmar sagt sehr richtig, Robert Schumann sei in seiner „Manfred-Musik" der Maler der Leidenschaften, Tschaikowsky der Schilderer der Leiden Manfreds gewesen.

Auch in der fünften Sinfonie sehen wir Tschaikowsky aufwärtsstreben und den höchsten Zielen seines Schaffens, der „Symphonie pathétique", näherkommen. Immer heller leuchtet das Farbenbild seiner ganz eigenartigen Orchestration. Keiner der vor und nach ihm schaffenden Russen ist ihm in dieser Beziehung nahegekommen. Prachtvolle melodische Einfälle ziehen an unserem Ohr vorüber, und die herrlichsten Gedanken kommen ihm, wenn er Todestraurigkeit, Melancholie und Liebessehnsucht schildern will. Und wie so mancher Mensch, der von innerer Seelenunruhe sein ganzes Dasein gemartert wird, aus der ihn auch äußerliche Glückszufälle nicht befreien können, dann sich dem wilden Lebensgenuß hingibt und darin sich betäuben will, so wechseln auch bei Tschaikowsky die Bilder ganz plötzlich, er kommt in Stimmungen, die sein Slawenblut hervortreten lassen, er wird ungebärdig und wild, es strömt ihm auch das Ungeheuerlichste zu, und für alles findet er die Schattierungen, ihm ist auch das Tollste nicht fremd und unmöglich. Und weil es auch so viel Stimmungen gibt, als Menschen auf der Erde sind, denn keiner ist dem anderen gleich geschaffen, deshalb wird Tschaikowsky auch so verschieden beurteilt. Jede Beurteilung ist die Frucht persönlicher Eindrücke, keiner kann über sich und seine Natur hinaus das Schaffen eines anderen ermessen.

Endlich entstand in dieser Zeit die Oper „Pique Dame", über die er dem Großfürsten Konstantin schreibt: „Bald nach meinem letzten Beisammensein mit Ihnen reiste ich ins Ausland mit der speziellen Absicht, mich irgendwo in Zurückgezogenheit an die Arbeit zu setzen und in möglichst kurzer Zeit eine Oper zu dem Sujet der ‚Pique Dame' zu schreiben. Diese Abgeschiedenheit fand ich in Florenz, woselbst ich ohne zu säumen mit der Komposition begann. Die Arbeit ging sogleich gut vonstatten, aber in meinen Mußestunden litt ich so sehr unter dem Heimweh, daß ich weinte wie ein Kind und oft alles im Stiche lassen und nach Hause reisen wollte. In früheren Jahren lebte ich bisweilen geraume Zeit in Italien und empfand eine länger andauernde Trennung von Rußland sogar angenehm. Ich hatte einstmals sogar vor, die Wintermonate regelmäßig in Rom zuzubringen. In den letzten Jahren hänge ich aber, ich weiß nicht warum, fast krankhaft an der Heimat und kann tatsächlich außerhalb Rußlands nur im Zwange ganz außerordentlicher Umstände leben. Im gegenwärtigen Falle bestanden die außergewöhnlichen Umstände darin, daß ich es auf mich genommen hatte, für die nächste Saison eine große Oper zu schreiben, und die für diese Arbeit notwendige Einsamkeit nur im Auslande finden konnte. Ich schrieb die Oper mit besonderer Schnelligkeit, in weniger denn sechs Wochen, sodann machte ich den Klavierauszug (da er zur Verteilung der Partien an die Mitwirkenden vor allem notwendig war), und nun habe ich fast die Hälfte der Oper instrumentiert. Eine solche Anspannung meiner schöpferischen Kräfte war natürlich mit einer zunehmenden Zerrüttung der Nerven verbunden, welche schließlich in eine wirkliche Krankheit überging, infolge deren ich jetzt einen ganz unwahrscheinlichen, gänzlich unerklärlichen und nicht zu beschreibenden Widerwillen gegen Florenz empfinde. In der Aussicht auf meine bald bevorstehende Heimkehr nach einer freiwilligen dreimonatlichen Trennung von Rußland bin ich in ausgezeichneter Stimmung, die durch das Bewußtsein der vollbrachten Leistung noch gehoben wird. Es ist sehr möglich, daß die Oper ‚Pique

Dame' eine herzlich schlechte Oper ist, es ist sehr wahrscheinlich, daß ich sie nach einem Jahre hassen werde, wie ich viele meiner Werke hasse, aber für jetzt scheint mir, daß dies mein bestes Werk ist, und daß ich doch etwas in der Art einer Tat vollbracht habe. Wenn es Ihnen nicht uninteressant ist zu erfahren, wer das Libretto geschrieben hat, so nenne ich Ihnen als den Autor desselben meinen Bruder Modest. Er hat auch das Szenarium entworfen, jedoch unter Beihilfe von J. A. Wsewoloschiskij und mir, einige kürzere Abschnitte habe ich selbst in Verse gebracht."

Die Oper ist auch nach einer Dichtung des Puschkin gemacht und ist in der Form geschlossener als der „Onegin". Bei aller Unwirksamkeit des Inhaltes ist der Text doch geschickter gearbeitet. Der Offizier Hermann, der bisher die Glücksspiele seiner Kameraden mit leidenschaftlichem Interesse verfolgte, aber selbst nicht mittun konnte, da er ganz unbemittelt ist, erfährt gesprächsweise die Geschichte einer alten Gräfin, die in ihrem Kreise den Spitznamen Piquedame führt. Graf Tomsky erzählt, daß die Gräfin, eine einst gefeierte Schönheit am Hofe des Königs Ludwig XV., eines Abends, als sie ihr ganzes Vermögen am Spieltische verloren hatte, als Dank für eine gewährte Schäferstunde von dem als Schwarzkünstler bekannten Grafen St. Germain einen Spieltalisman erhalten hatte, durch welchen sie ihr Vermögen wieder zurückgewonnen. Hermann, welcher die Enkelin Lisa der alten Gräfin liebt, aber seiner Mittellosigkeit wegen nicht näherkommen kann, wird nun durch die Erzählung auf den Gedanken gebracht, von der alten Gräfin das Geheimnis abzuverlangen. Er weiß Lisa zu veranlassen, ihn in der Nacht in ihr Schlafzimmer einzulassen, der Weg zu ihr führt aber über das Schlafzimmer der alten Gräfin. Mit der Pistole in der Hand bedroht er diese und will ihr das Geheimnis entreißen. Sie erschrickt aber darüber derart, daß sie tot zusammenstürzt. Drei Tage später erscheint ihm die Gräfin als Geist und nennt ihm die drei Karten: Drei, Sieben und Aß. Er eilt in den Spielsaal, gewinnt mit der Dreier- und der Siebenerkarte, und als er auf das Aß setzt, verwandelt sich die Karte in die Piquedame. Hermann ersticht sich, Lisa ist schon vorher ins Wasser gesprungen. Es ist eine Schaudergeschichte, die eigentlich Tschaikowskys Natur wenig Spielraum für sein eigentliches Talent gibt. Die Szene im Schlafzimmer der Gräfin weiß er nervenspannend auszumalen, sonst bietet er einfache Strophenlieder, die nicht recht packen. Wie immer ist die Instrumentierung ein Meisterstück, und ganz reizend ist die Rokokomusik im dritten Bild, aber auch sie ist zu lang geraten. Ein Umstand muß in dieser Oper besonders auffallen, trotz seiner ausgesprochenen Abneigung gegen Wagner und seine Art hat er doch ein Kartenmotiv gewählt und läßt dieses durch die ganze Oper durchziehen. Die Uraufführung der Oper, die am 19. Dezember 1890 in Petersburg stattfand und mit seinem 25jährigen Künstlerjubiläum zusammenfiel, wurde überaus bejubelt. In anderen Städten konnte sie sich aber nicht einbürgern. Sie wurde unter anderen 1902 in Wien, 1906 in Rom, 1907 in Berlin, 1908 in Newyork und Karlsruhe und 1910 in London gegeben, verschwand aber immer wieder bald von der Bildfläche.

Eine ganz reizende Arbeit lieferte er in der Musik zu dem Ballett „Der Nußknacker" nach dem Märchen von E. Th. A. Hoffmann. Die besten Nummern vereinigte er dann zu der „Nußknacker"-Suite, welche in der ganzen Welt schon gespielt wurde. Er leitet die Suite mit einer Ouverture miniature ein, darauf folgt ein Marsch von sehr straffem Rhythmus, dann der entzückende Tanz der „Fee Zuckererbse", der auch in seiner überaus zarten Orchestrierung bemerkenswert ist. Sodann reihen sich der russische Tanz „Trepack", ein arabischer und ein chinesischer Tanz, ein duftiger Rohrflötentanz und ein seiner Blumenwalzer an. Alles ist Musik, die uns Tschaikowsky von seiner heitersten und glücklichsten Seite zeigt.

Im Jahre 1892 wurde er vom Komitee der Musik- und Theaterausstellung in Wien eingeladen, einen Tschaikowsky-Abend, der dort veranstaltet werden sollte, persönlich zu leiten. Bei der Probe aber sah er, daß so manche seiner Wünsche nicht erfüllt worden seien, so daß statt der Harfe ein Klavier im Orchester stand, der erste Hornist, der in der zweiten Orchestersuite einen sehr wichtigen Part zu spielen hatte, wegen angeblicher Übermüdung abwesend war und im Konzerte dann vom Blatte spielen wollte. Noch am selben Abende verschwand er aus Wien. Einer seiner intimsten Freunde, Professor Anton Door, schildert sein Aussehen in folgenden Worten: „Er war so gealtert, daß ich ihn nur an seinen himmelblauen Augen erkennen konnte. Ein Greis von 50 Jahren! Ich gab mir alle Mühe, damit er es nicht merken sollte. Seine ohnehin zarte Konstitution hatte unter seiner starken Produktivität gelitten. Nur robuste Naturen können dem widerstehen."

Das letzte Jahr seines Lebens krönen noch zwei große Werke, die Oper „Yolanthe" und die „Symphonie pathétique". Der Text der Oper ist von Modest Tschaikowsky nach dem romantischen Drama „König Renés Tochter" des dänischen Dichters Henrik Hertz gearbeitet und entspricht in seinem Inhalte noch weit besser der Art des Komponisten als der „Onegin". Die schöne Yolanthe ist seit ihren Kindheitstagen blind. Der Vater wacht streng darüber, daß sie sich ihres Unglückes nie bewußt werde, und will auch um diesen Preis nicht in die Heilung der Blindheit, die ein maurischer Arzt als ganz sicher hinstellt, einwilligen. Da kommt auf den Königshof ein Ritter, der sich in Yolanthe verliebt und um sie wirbt. Er wird erst gewahr, daß das Mädchen blind ist, er bringt ihr den Zustand zum Bewußtsein, es erfolgt dann die Heilung der Blinden und die Vereinigung der Liebenden. Der Text ist anmutiger als bei den vorhergehenden Opern, die mit dem Tode der Hauptpersonen enden, während wir hier der glücklichen Vereinigung zweier sich Liebender beiwohnen können. Tschaikowsky hat dazu eine Musik geschrieben, die er vom Anfange bis fast zum Ende in ein eigenartiges dämmeriges Licht hüllt, jeder Exzeß ist vermieden, aber es kommt auch zu keiner richtigen Steigerung. Die Instrumentierung ist wieder glänzend gemacht, er bringt dem Stoff entsprechend ganz eigenartige Farben, und ein Kritiker sagt mit Recht, daß Tschaikowskys Orchester namentlich in der ersten Szene der Yolanthe mit ihren Gespielinnen, in der Zusammenstellung des Streichquartettes mit der Harfe und der Solovioline einen milden opalartigen Schimmer verbreitet, der uns das ganz nach innen gekehrte Geistes- und Seelenleben der Blinden aufs zarteste in Tönen nahebringt. Die prächtigsten Stellen sind die Arie des Herzogs von Burgund, das Liebesduett der Yolanthe mit Vaudemont mit dem schwungvollen Hymnus zum Preise des Lichtes und der Mädchenchor „Bringen dir Blumen" mit den jubelnden Vogelstimmen im Orchester. Ich stehe nicht an, die Oper „Yolanthe" der meistens gut getroffenen Stimmung wegen höher zu stellen als den „Onegin". Die Uraufführung fand 1892 in Petersburg statt, und dann folgten als wichtigste Orte Kopenhagen 1893, Karlsruhe 1894, Leipzig 1895, München 1897, Hannover 1899, Wien 1900, Frankfurt am Main 1901, Mannheim 1902 und Bremen 1907.

Über die „Symphonie pathétique" sagt Felix von Weingartner anläßlich einer Aufführung in Berlin im Jahre 1896: „Die ‚Symphonie pathétique' von Tschaikowsky unterscheidet sich in der Form von anderen Sinfonien zunächst dadurch, daß das Adagio nicht wie gewöhnlich einen Mittelsatz, sondern das Finale bildet. Diese Umstellung erklärt sich bei näherer Betrachtung jedoch sofort aus der poetischen Idee des ganzen Werkes, welches als der Ausdruck einer tiefernsten, ich möchte sagen pessimistischen Weltanschauung sich darstellt. Der Poesie der slawischen Völker ist der Hang zur Schwermut eigentümlich, die Nachtseiten des Lebens finden wir in Gedichten und Romanen slawischer Dichter oft in unübertroffener Meisterschaft dargestellt. Der Humor, die Gemütlichkeit kommt selten zum Durchbruch, und die Freude erscheint dann oft gezwungen, beinahe krampfhaft. Auch in den Kompositionen slawischer Tondichter überwiegt das Moll gegen das Dur und finden viel häufiger melancholische Stimmungen ihre klangliche Verkörperung als heitere und freudige. Unter allen Orchesterwerken, welchen von Osten zu uns herübergekommen sind, erscheint mir die vorliegende ‚Symphonie pathétique‘, wenn ich von Borodins großer ‚H-moll-Sinfonie‘ absehe, als das Bedeutendste und Typische für die moderne Musik der Russen."

Die Sinfonie setzt sich das Programm zum Ziel, das Leben und Leiden, das Kämpfen, Siegen und Erliegen eines großen Menschen zu schildern, und Tschaikowsky erreicht den Höhepunkt seines Könnens und seiner Instrumentierungskunst in dieser Arbeit. Im ersten Satz, im Adagio und Allegro non troppo, ist das Programm am deutlichsten ausgedrückt, der zweite Satz, ein Allegro con grazia, ist durchaus anmutig und voll sinnlicher Schönheit, ein Schriftsteller sagt, daß die Musik hier etwa im Stil der „Kleinrussischen Edelleute" von Gogol geschrieben sei, der dritte Satz hat sich vielleicht das Scherzo aus Beethovens „Eroica" zum Muster genommen. Der Marsch ist wohl etwas roh und brutal, aber die Instrumentierungskunst Tschaikowskys feiert hier Triumphe wie in keiner seiner anderen Arbeiten. Der vierte Satz, das Adagio lamentoso, ist endlich von erschütternder Großzügigkeit, und Ferdinand Pfohl sagt hier: „Wie Blut aus töblichen Wunden rinnt es in diesen Tönen; ein wehevolles Verbluten. Man kann den Satz nicht hören, ohne in tiefster Seele ergriffen zu werden und des genialen Komponisten zu gedenken, der in dieser erschütternden Musik einen Schwanengesang sich gesungen."

Es ist jedenfalls eigenartig und tragisch, daß der Meister nach dem Höchsten und Besten, das er der Welt geschenkt, auch von ihr scheiden mußte.

Im Juni 1893 erlebte er noch die Freude, von der Universität zu Cambridge zum Doktor der Musik ernannt zu werden, und am 13. Juni übernahm er in Gemeinschaft mit den ebenfalls ausgezeichneten Fachkollegen Max Bruch, Arrigo Boito und Camille Saint-Saëns im Sitzungssaale das Doktordiplom.

Am 16. (28.) Oktober leitete er die Uraufführung der „Symphonie pathétique". Es irritierte ihn gar nicht, daß die Arbeit eigentlich kühl aufgenommen wurde. Am 20. Oktober (1. November) war er mit einigen Freunden in einem Restaurant und mußte heftiger Schmerzen wegen heimkehren, am nächsten Morgen fühlte er sich wieder etwas besser, aber die Schmerzen kamen neuerlich, man konstatierte die Cholera, und am 27. Oktober (5. November) hauchte er seine Seele aus. Die Aufregung unter seinen Freunden und Bekannten war natürlich keine geringe, als man von seinem Hinscheiden Nachricht erhielt.

Wie sehr man Tschaikowsky als Künstler und Menschen in Rußland liebte, geht wohl daraus am besten hervor, daß man noch am sechsten Todestage an seinem Grabe eine feierliche Totenmesse abhielt. Schon am Tage vorher war das Grab in einen wahren Blumenhain verwandelt worden. Am Todestage selbst sang der Kirchenchor Tschaikowskys geistliche Lieder „Ich glaube", „Das Gebet" und die „Gnade des Friedens". Die Schüler und Schülerinnen des Moskauer Konservatoriums und verschiedener Musikschulen beteiligten sich an den Chören. Am selben Tage veranstaltete auch Fürst Zeretelli in Odessa eine Trauervorstellung, in der er von dem Opernpersonale Szenen aus den Opern „Eugen Onegin", „Mazeppa" „Die Jungfrau von Orleans" und „Pique Dame" vorführen ließ. Im Herbst des Jahres 1898 wurde eine trefflich gelungene Statue Tschaikowskys im Saale des Petersburger Konservatoriums enthüllt.

Nun sei noch der größeren und kleineren Arbeiten gedacht, die er auf verschiedenen Gebieten der musikalischen Komposition geschaffen hat, die im Rahmen der Biographie nicht erwähnt werden konnten, aber immerhin die Eigenart Tschaikowskys und seine Vielseitigkeit beleuchten. Tschaikowsky schrieb sechs Orchestersuiten, von denen der ersten und der aus dem „Nußknacker" bereits gedacht wurde. Durch diese Suiten wurde er eigentlich erst in Deutschland bekannt, sie zeigten ihn als guten Musiker, aber sie erregten kein besonderes Interesse. In weitere Kreise kam dann nur noch die dritte Suite, die nur Tanzformen behandelt und nur den Zweck hat, gute Musik zu machen. Und dieser Zweck wird ja auch voll und ganz erfüllt. Am Schlusse dieser Suite steht eine pomphafte Festpolonäse, die wohl recht lärmend ist. Auch die Serenade opus 48 geht nicht tief, sie ist aber das Erzeugnis einer beweglichen Phantasie, die Arbeit eines Mannes, der die Kunst der Farbenmischungen völlig meistert und mit ihr nach Belieben spielen konnte. Unter den Ouvertüren wäre noch die zu „Hamlet" zu erwähnen, wo ihm das Pathetische voll und ganz gelingt. Freilich liegt über „des Gedankens Blässe", die einem Hamlet ziemen würde, oftmals, wie ein Kritiker sagt, ein flammendes Rot, die Farben sind für den Stoff und den Zweck zu kräftig und zu voll. Viel besser lag ihm der Stoff „Romeo und Julie". Er findet hier Motive von sinnlichstem Reiz und feinster Charakteristik, dann aber bringt wieder der Russe durch, und man glaubt sich nicht nach Italien, sondern in die Steppen Rußlands versetzt.

In der Kammermusik soll das Sextett „Souvenir de Florence" hervorgehoben werden. Wenn Tschaikowsky sich auch in dem engen Rahmen der Kammermusik in seiner Farbenfreudigkeit beengt fühlt und sich Schranken auferlegen muß, die seiner Natur widersprechen, so weiß er doch auch hier poetisch zu wirken und melodische Linien im Sinne des Belcanto zu ziehen, die nur einem Gottbegnadeten im Reiche der Tonkunst gelingen. Auf dem Gebiete der Klaviermusik hat Tschaikowsky im Zyklus „Jahreszeiten" wohl das Beste geliefert und sich verewigt. Die einzelnen Stücke sind melodisch und charakteristisch. Auch die „13 Morceaux de Piano" opus 72 beweisen, daß Tschaikowsky den Klaviersatz ebenso wie den Orchestersatz beherrschte und auch hier Edles bieten konnte. Wertvoller allerdings als diese sind die „Six Morceaux pour Piano", die auf ein Thema verschiedene Kunstformen, wie ein Präludium, eine vierstimmige Fuge, ein Impromptu, eine Mazurka, einen Trauermarsch und ein Scherzo aufbauen. Die Gestaltungskraft des Meisters zeigt sich hier von der schönsten Seite. In Liedern war er am schwächsten, er bot auch auf diesem Gebiete zwar nicht wenig, aber nichts Bedeutendes.

Auch diese Beispiele seines vielseitigen Schaffens zeigen, daß er ein durchaus ernst zu nehmender Künstler von gründlichster Bildung war und einen Ehrenplatz für immerwährende Zeiten in der gemeinsamen Geschichte unserer Kunst einnehmen wird.

Verzeichnis
der Kompositionen Tschaikowskys.

Opus 1. Scherzo à la russe et Impromptu (Es-moll) für Klavier zu zwei Händen.
- 2. „Souvenir des Hapsal", drei Stücke für Klavier zu zwei Händen.
- 3. Ouvertüre zur Oper „Der Woiwode", für Klavier zu vier Händen.
- 4. Walzer für Klavier (D-dur).
- 5. Romanze für Klavier (F-moll).
- 6. Sechs Romanzen für eine Singstimme (Lieder).
- 7. Walzer-Scherzo für Klavier zu zwei Händen.
- 8. Capriccioso (Ges-dur).
- 9. Trois morceaux: 1. Rêverie (D-dur), 2. Polka (B-dur), 3. Mazurka (D-moll).
- 10. Deux morceaux: 1. Nocturne (F-dur), 2. Humoreske (G-dur).
- 11. Erstes Quartett in D-dur für zwei Violinen, Bratsche und Violoncell.
- 12. Schneewittchen, Musik zu Ostrowskys Frühlingsmärchen (19 Nummern).
- 13. Erste Sinfonie in G-moll.
- 14. Oper „Der Schmied Wakula", in drei Aufzügen.
- 15. Ouverture triomphale, auf das Thema der dänischen Nationalhymne (D-dur).
- 16. Sechs Romanzen für eine Singstimme.
- 17. Zweite Sinfonie in C-dur.
- 18. Orchesterphantasie „Der Sturm".
- 19. Sechs Klavierstücke.
- 20. Ballett „Der Schwanensee", in vier Aufzügen.
- 21. Sechs Klavierstücke über ein Thema.
- 22. Zweites Quartett in F-dur.
- 23. Klavierkonzert in B-moll mit Orchester.

Opus 24. Oper „Eugen Onegin", in sechs Bildern.
- 25. Sechs Romanzen für eine Singstimme.
- 26. Melancholische Serenade (B-moll) für Sologeige mit Orchester.
- 27. Sechs Romanzen für eine Singstimme.
- 28. Sechs Romanzen für eine Singstimme.
- 29. Dritte Sinfonie in D-dur.
- 30. Drittes Quartett in Es-moll.
- 31. Slawischer Marsch für Orchester.
- 32. Orchesterphantasie „Francesca da Rimini".
- 33. Variationen über ein Rokokothema, für ein Violoncell mit Begleitung des Orchesters oder des Klaviers.
- 34. Walzer-Scherzo, für eine Violine mit Begleitung des Orchesters oder des Klaviers.
- 35. Violinkonzert in D-dur mit Orchester.
- 36. Vierte Sinfonie in F-moll.
- 37a. Klaviersonate in G-dur.
- 37b. Zwölf Charakterstücke „Die Jahreszeiten" für Klavier zu zwei Händen.
- 38. Sechs Romanzen für eine Singstimme, darunter die Serenade Don Juans.
- 39. Kinderalbum. 24 Klavierstücke.
- 40. Zwölf Klavierstücke mittlerer Schwierigkeit.
- 41. Liturgie des Joh. Slatoust, vierstimmiger Chor.
- 42. Drei Stücke für Violine und Klavier, Souvenir d'un lieu cher.
- 43. Erste Orchestersuite.
- 44. Zweites Klavierkonzert mit Orchester.
- 45. Italienisches Capriccio für Orchester.
- 46. Sechs Gesangsduette.
- 47. Sieben Romanzen für Gesang.
- 48. Serenade für Streichorchester.
- 49. Ouvertüre „1812" für Orchester.
- 50. Trio für Violine, Violoncell und Klavier.
- 51. Sechs Klavierstücke.
- 52. 17 Kirchengesänge, vierstimmig.
- 53. Zweite Orchestersuite.
- 54. Sechzehn Lieder für Kinder reiferen Alters.
- 55. Dritte Orchestersuite.
- 56. Phantasie für Klavier und Orchester.

Opus 57. Sechs Romanzen.
- 58. Sinfonische Dichtung „Manfred".
- 59. Ländliche Szene für Orchester.
- 60. Zwölf Romanzen.
- 61. Vierte Orchestersuite „Mozartiana".
- 62. Pezzo capriccioso, für Violoncell und Orchester.
- 63. Sechs Romanzen.
- 64. Fünfte Sinfonie in E-moll.
- 65. Sechs Romanzen.
- 66. Ballett „Dornröschen", in drei Aufzügen mit Prolog.
- 66a. Orchestersuite aus „Dornröschen".
- 67a. Ouvertüre-Phantasie „Hamlet".
- 67b. „Elegie" für Streichorchester, auf den Tod von Samarin.
- 68. Oper „Pique Dame", in drei Aufzügen.
- 69. Oper „Jolanthe" in einem Aufzuge.
- 70. Sextett (Souvenir de Florence).
- 71a. Ballett „Der Nußknacker", in zwei Aufzügen.
- 71b. Orchestersuite aus dem „Nußknacker".
- 72. Achtzehn Klavierstücke.
- 73. Sechs Romanzen.
- 74. Sechste Sinfonie in H-moll, „Pathétique".
- 75. Klavierkonzert.
- 76 (posthume). Ouvertüre zum Drama „Das Gewitter" von Ostrowsky.
- 77 - Sinfonische Dichtung „Fatum".
- 78 - Sinfonische Ballade „Der Woiwode".
- 79 - Andante und Finale für Klavier und Orchester.
- 80 - Sonate in Cis-moll für Klavier.

Oper „Undine".
Oper „Opritschnik".
Oper „Jungfrau von Orleans".
Oper „Mazeppa".
Oper „Die Frauenschuhe".
Oper „Die Zauberin".
Oper „Der Leibwächter".

Für Orchester:

Ouvertüre in F-dur.
Ouvertüre in C-moll.
Ouvertüre in E-moll.

Sinfonisches Werk in Form eines russischen Tanzes (erste Arbeit).
Ouvertüre-Phantasie „Romeo und Julie".
Krönungsmarsch für Orchester.
Slawischer Marsch für Orchester.
Rechtsschulmarsch für Orchester.
Militärmarsch für Orchester.
Marsch der freiwilligen Flotte (unter dem Pseudonym Sinopow).
Ouvertüre zu Ostrowskys „Der falsche Demetrius".
Melodram zu Ostrowskys „Woiwode".

Für Chor:

Kantate „Lied an die Freude" für Soli, Chor und Orchester.
Kantate zur Eröffnung der polytechnischen Ausstellung in Moskau.
Krönungskantate „Moskau".
Insektenchor aus der unvollendeten Oper „Mandragola".
A capella-Chöre:
　Gebenedeit.
　Die Nachtigall.
　Jubelchor der Rechtsschule.
　Jubelchor für Anton Rubinstein.
　Drei A cappella-Chöre.
　Hymne zu Ehren des heiligen Cyrill und Methodios.
　Neun Kompositionen für großen Chor.
Rezitative und Chöre zu Aubers „Schwarzer Domino".
Rezitative zu Mozarts „Hochzeit des Figaro".
Vokalquartett „Die Nacht".
„Romeo und Julie" für Sopran und Tenor und Orchester.

Für Klavier:

Impromptu caprice.
Momento lirico.
Impromptu A-dur.
Valse scherzo A-dur.
Potpourri aus der Oper „Der Woiwode" (unter dem Pseudonym Kramer).
Arrangement des Weberschen „Perpetuum mobile".
50 Volkslieder für Klavier vierhändig.
Vierhändiger Klavierauszug zu Anton Rubinsteins Oper „Iwan der Schreckliche".

Literatur über P. J. Tschaikowsky.

a) Buchliteratur:

Peter Tschaikowsky, Leitfaden zur praktischen Erlernung der Harmonie. Erschienen 1870. Deutsche Übersetzung von Paul Juon, Moskau 1899, englische Übersetzung von Krall und Liebling 1900.

Max Chop, Zeitgenössische Tondichter. Neue Folge. P. T. Leipzig 1888.

Baskin, P. J. T., 1890.

Laroche, Dem Gedächtnisse T.s. Jahrbuch der kaiserlichen Theater. Petersburg 1892/93.

Tscheschichin, Versuch einer Charakteristik T.s., 1893.

Laroche, T. als dramatischer Komponist. Jahrbuch der kaiserlichen Theater. Petersburg 1893/94.

Laroche und Kaschin, Dem Gedächtnisse T.s, 1894.

Kaschkin, Professor, Erinnerungen an T. Moskau 1896.

Jürgenson, Thematischer Katalog der Werke von P. J. T. Moskau 1897.

Blackburn Vernon, P. T. The Fringe of an Art. Apprecations of music. London 1898.

Stümcke, H., Übersetzung von P. T.s Musikalischen Erinnerungen und Feuilletons. Berlin 1899.

Kennedy-Fraser Mrs., Vortrag über T. Edinburg, Incorp. Soc. of Musicians 1900.

Knorr, Jwan, Biographie von P. J. T. Berlin 1900.

Tschaikowsky, Modest, Das Leben und die Briefe von P. J. T. (1900—02). Edited from the Russian with an introduction by Rosa Newmarch. London 1906.

Malherbe, Notice sur la 6. Sinfonie de P. I. T. A. Noel, Paris 1900.

Huneker, James, Mezzotints in modern music. London 1900.

Newmarch, Rosa, P. T. His Life and works with extracts from his writting. London 1900.

Filson Young, P. T. Sechste Sinfonie. (Appreciations of music and musicians.) London 1901.

Hruby, K. P. T., eine monographische Studie. Leipzig 1902.
Lee, E. Markham, T. London 1904.
Pougin, Arthur, Essai sur la Musique en Russie (P. I. T.) Paris 1903.
Riemann, H., Die Manfredsinfonie, Verlag Jürgenson, Moskau 1903.
Turhzin, P. T. Zu seinem 10. Todestag. Selbstverlag. Petersburg 1903.
Lee, E. M., Music of Masters (T.) London 1904.
Polowtzeff, Das T.-Museum in Klin. Moskau 1904.
Tschernoff, Die Sinfonien T.s. Selbstverlag. Petersburg 1904.
Lipaieff, P. J. T. Biographische Skizze. Moskau 1905.
Evans, E., Masters musicians (T.). London 1906.
Lee, E. M., Miniatures series of musicians (T.). London 1906.
Kaigoroboff, T. und die Natur, Selbstverlag. Petersburg 1907.
Strachova, E., Analyse der VI. Sinfonie. Selbstverlag. Petersburg 1907.
Gilman, Lawrence, Stories of Symphonic Music (P. I. T.). London 1908.
Hoenika Rost, Die Klavierkompositionen T.s. Verlag der Russ. Musikztg. Petersburg 1909.
Koptiaieff, P. J. T. Selbstverlag. Petersburg 1909.
Tschernoff, K. N., Das Fatum bei T. und Mozart. Selbstverlag. Petersburg 1910.
Byron, May, A day with P. T. London 1912.
Liapunow, Briefwechsel zwischen Balakireff und T. Petersburg 1913.
Mjaskowsky, T. und Beethoven. Moskau 1912.

b) Zeitungsliteratur:

(Auslese der wichtigsten Artikel aus dem Musikarchiv der „Brücke" in München.)

— Briefwechsel mit Tolstoi. Tinding for Musik. Helsingfors I. Nr. 6.
— P. T. und die russische Musik. Neue Musikzeitung. Stuttgart 1889. Nr. 19 und 20.
— P. T. †. Neue Musikzeitung. Stuttgart 1893. Nr. 22.
— Die Beerdigung des P. T. Berliner Musikzeitung, 23. 11. 1893.
— P. T. Neue Musikzeitung. 1894. Nr. 14.

— T. in Berlin. Russische Musikzeitung. Riga, 26. 3. 1895.
— T. Neue Berliner Musikzeitung, 28. 3. 1895.
— T. als Antiwagnerianer. Neue Freie Presse. Wien, 15. 8. 1902.
— Briefe von T. Neues Wiener Journal. Wien, 24. 6. 1903.
— T. und August Strindberg. Neues Wiener Journal. Wien, 9. 9. 1903.
— Aus den Briefen P. T.s. — T. über Mozart. Wochenschrift für Kunst und Musik. Wien, 15. 7. 1904 und Fortsetzung.
— T. über „Carmen". Kunst- und Theater-Anzeiger. München, 19. 5. 1908.
— Tolstoi und T. Allgemeine Musikzeitung. Berlin, 24. 9. 1908.
— Unbekannte Briefe von T. Neues Wiener Journal, 18. 4. 1909.
— T. über Wagner und Beethoven. Neues Wiener Journal, 22. 10. 1912.
— Tschaikowsky-Nummer. Russische Musikzeitung. Riga 1903. Nr. 42.
— Tschaikowsky „1812". Score. Zeitschrift der Internationalen Musikgesellschaft. X. Jahrgang. Nr. 5.
— Tschaikowsky, Musikalische Erinnerungen. Sonn- und Montagszeitung. Wien, 30. 4. 1900.
— P. T. Zenelap. Budapest, XV. Nr. 5.
— Aus dem Leben T.s. Neue Musikztg. Stuttgart, XXI. Nr. 21 u. Fortf.
— Two musical biographies (Newmarchs T. Biografie), Monthly Musical Record, London XXX. Nr. 360.
— Aus den Briefen des P. J. T. Wochenschrift für Kunst und Musik, II. Nr. 41.
— Vor 10 Jahren (Zum Andenken P. J. T.). Russkaij Musikaalja Gazetta. Petersburg 1903. Nr. 42.
— Leben und Briefe P. J. T. von Modest T. (Besprech. Musical Times. London. 61. Jahrg., Nr. 754.
Adler, Felix, Pique Dame, Freistatt. München, V. Nr. 2.
Altmann, Dr. Wilhelm, Wie T. zu seiner Frau kam. Die Zeit. Wien, 30. 10. 1903.
— T. als Beurteiler anderer Komponisten. Zeitschrift der Internationalen Musikgesellschaft. Leipzig 1903. Nr. 1—2.
— Zur Biographie und Charakteristik T.s. Die Zeit. Wien. 1903. Nr. 474.
Aurich, A. v., P. T. als Mensch. Neue Musikzeitung. Stuttgart 1893. Nr. 24.

Beßmertny, Marie, T. Musikalisches und anderes aus dem Leben. Übersetzung aus dem Russischen. Deutsche Militärmusikerzeitung. Berlin, 11. 5. 1900 und Fortsetzungen.
— Leo Tolstoi und T. Deutsche Musikerzeitung. Berlin, 5. 9. 1908.
— T.s Briefe. Hamburger Nachrichten, 3. 11. 1901.
— T. und Tolstoi. Neue Musikzeitung. Stuttgart 1908. Nr. 24.
Birnkoff, T. und Tolstoi. Allgemeine Musikzeitung 1908. Nr. 40.
Botstiber, Hugo, „Jolanthe", Oper von T. (Zur Wiener Erstaufführung). Neue Musikalische Presse. Wien, IX. Nr. 12.
Conrat, H. J., London, T. und Tolstoi. Aus dem Englischen in der Contemporary Review von Mrs. Rosa Newmarch. Musik. Berlin, 15. 7. 1903.
Danilowicz, A. de, T. als Kritiker. Courrier musicale 1907. Nr. 12.
Door, Anton, P. T. Erinnerungen. Klavierlehrer. Berlin, 15. 11. 1901.
— P. T. Die Zeit. Wien, 5. 11. 1903.
Engel, P. J. T. Russische Nachrichten, Petersburg 1903. Nr. 293 und 300 und 1904, Nr. 103.
Findeisen, Studien über T. Russische Musikzeitung. Petersburg 1902. Nr. 26/48.
— Das Musikleben in Rußland (P. J. T.). Zeitschrift der Internationalen Musikgesellschaft. I. Jahrg. Nr. 3, S. 62.
— Das Musikleben in Rußland, 1900—1901 (P. J. T.). Zeitschrift der Internationalen Musikgesellschaft, II. Nr. 11, S. 387.
— Die Frauengestalten in T.s Opern, Russkaij Musikaalja Gazetta. Petersburg 1903. Nr. 42.
— P. J. T. in den Jahren 1877—84. Russische Musikzeitung. Petersburg 1902. Nr. 26.
— P. J. T. in den Jahren 1885—93. Russische Musikzeitung. Petersburg 1902. Nr. 46.
Forgach, J., „Pique Dame". Wochenschrift für Kunst und Musik. Wien, I. Nr. 2.
Gilmann, L., T. und Richard Strauss und die Idee vom Tod. Musical World. London 1903. Nr. 8.
Göhler, Georg Dr., P. J. T. Die Zukunft. Berlin, 10. 1. 1903.
Heß, Adolf, Dr., Zwanzig Briefe von T. Übersetzt und erläutert. Die Musik. Berlin, 16. 7. 1910.
— Neue Briefe T.s. Die Musik. Berlin, 1. 9. 1912.
Hippius, A., Eine Stunde im Hause T.s. Allgemeine Musikzeitung. Berlin 1904. Nr. 45/46.

Hutschenruijter, W., Eene belangwekende levensbeschrijving (Modest T. Biografie von P. I. T.). Caecilia, Maandblad voor Muziek, s'Gravenhage.

Karpath, L., „Pique Dame" (Zur Erstaufführung in der Hofoper in Wien am 9. 12. 1902). Signale. Leipzig. 60. Jahrg., Nr. 64/65.

Keeton, A. E., P. J. T. Contemporry Review. London 1900. Juli.

— Eine seiner Liebesepisoden. Monthly Musical Record. London 1904. Nr. 399/400.

— T.s Opern. Contemporary Review. London 1904. Nr. 460.

— T. als Ballettkomponist. Contemporary Review. London 1904, Oktober Nr. 466.

Knauer, Eduard, Moskau, Eine Stunde im Hause T.s. Deutsche Musikerzeitung. Berlin, 18. 1. 1902.

Kompanejsky, N., Die Liturgischen Gesänge von Tschurtschaninoff und T. zur Verherrlichung der Mutter Gottes („Zadostoinik" und „Dostoino"). Russkaij Musikaalja Gazetta. Petersburg 1902. Nr. 17 u. Forts.

Koptjajew, P. J. T. Russische Musikzeitung. Petersburg 1897. Nr. 1/4.

Korngold, Julius, P. T. Neue Freie Presse. Wien, 1. 2. 1912.

Krause, E., T.s zehnter Todestag. Musikalisches Wochenblatt 1903. Nr. 43/50.

Künzel, M., Aus dem Leben P. T.s. Neue Musikzeitung. Stuttgart 1896. Nr. 16.

L. „Eugen Onegin" von P. J. T. im Coventgarden. The musical Standard. London, XXV. Nr. 652.

Lazary, de, Schauspieler, Erinnerungen an P. T. Deutsch von M. Beßmertny. Deutsche Musikdirektorenzeitung, 12. 12. 1900 und Fortsetzungen.

— T.s Liebesleben. Deutsche Musikerzeitung, XXXV. Nr. 45/46.

Lipitzin, T. als Kirchenkomponist. Russische Musikzeitung. Petersburg 1897. Nr. 29/34.

Maclean, Charles, „La Prinesse Osra" and „Der Wald" (T. Oper „Jolanthe"). Zeitschrift der Internationalen Musikgesellschaft, III. Nr. 12.

Mason, D. G., T. und Brahms. Atlantic Monthly 1902, Februar.

Moszkowsky, A., Berliner Saison (über T.). Neue Musikzeitung. Köln 1888. Nr. 5.

Neruba, Edwin, Das Pyrmonter T.-Fest. Deutsche Musikerzeitung. Berlin, 19. 7. 1902.

— T. als Kritiker. Deutsche Musikerzeitung, XXXIV. Nr. 3.
— T. als Kritiker. Neue Zeitschrift für Musik 1903. Nr. 9/12.
Newman, Ernest, The essential T. Contemporary Review. London 1901. Juni.
— T. as a song-writer, Monthly Musical Record, XXXI. Nr. 368.
— T. and the symphonie. Monthly Musical Record. Nr. 379 (1902).
Newmarch, Rosa, T.s Leben und Briefe. Academy. London 1906. Nr. 1756/8.
— T. und Tolstoi. Contemporary Review. London, Januar 1903.
— T. und Tolstoi. Musik, II. Nr. 20.
— T. early Lyrical Operas. Zeitschrift der Internationalen Musikgesellschaft. Leipzig, Oktober 1904, S. 29.
Ptschelnikoff, P., Erinnerungen an P. T. Russkaij Musikaalja Gazetta. Petersburg 1900. Nr. 45.
Riemann, Hans und Otto Leßmann, Die T.-Feier in Pyrmont am 28. Juni 1902. Allgem. Musikztg., XXIX. Nr. 28/29.
Riemann, Hugo, T. Allgemeine Musikzeitung. Berlin 1902. Nr. 27 bis 31.
— P. J. T. Vortrag, gehalten auf der T.-Feier in Pyrmont am 28. Juni 1902. Allgem. Musikztg., XXIX. Nr. 28i29.
Riesemann, O. v., P. J. T. Tag. Berlin 1903. Nr. 529.
Rubato, „Eugene Onegin" at Birmingham. Musical Standard. London, XXV. Nr. 643.
Schneider-Arno, José, T. Fremdenblatt. Wien, 10. 6. 1899.
Schönaich, Gustav. P. J. T. Neue Musikalische Presse. Wien, 10. 3. 1895.
Schwers, P., P. T., Oper „Pique Dame" (Besprech. der Erstaufführung an der Berliner Kgl. Oper, 20. 3. 1906). Allgem. Musikztg., 34. Jahrg. Nr. 13.
Spiro, F., T.s Stellung im internationalen Musikleben. Zeitschrift der Internationalen Musikgesellschaft 1904. Nr. 8.
— Das Leben T.s. Signale für die musikalische Welt 1905. Nr. 45 bis 48.
Spiro-Rombro. A., P. T. Rivista di Roma, X. Nr. 5.
Starcke, Hermann, Prof., P. T.s „Eugen Onegin". Erinnerungen und Betrachtungen. Allgemeine Musikzeitung. Berlin, 30. 10. 1908.
Tibeböhl, E. v., Celebration. Monthly Musical Record. London 1904. Nr. 397.

Tideböhl, T. und Madame von Meck. Monthly Musical Record. London 1905. Nr. 412.
— Ein Besuch im Heim T.s. Neue Musikzeitung. Stuttgart 1907. Nr. 14.
Timojew, P. T. als Kritiker. Russische Musikzeitung 1899.
Urban, Emil, Dr., P. J. T. Musikwoche. Berlin 1901 und Rheinisch-westfälische Zeitung 1901.
Vancsa, M., Pique Dame (Zur Erstaufführung der Oper in der Wiener Hofoper). Neue Musikal. Presse, XI. Nr. 50.
Walter Viktor, T. über die Oper. Russkaij Musikaalja Gazetta. Petersburg 1903. Nr. 42.
Walter, P. J. T. Mir Boschy 1903. Nr. 10.
Weingartner, Felix, Symphonie pathétique. Einführung in das Werk. Allgemeine Musikzeitung. Berlin, 3. 1. 1986.
Zabel, E., P. J. T. Deutsche Rundschau 1905. Nr. 11.

Personenregister.

Adler, Felix 61	Bote und Bock 20
Altanis 38	Botstiber, Hugo 62
Altmann, W. 61	Brahms 41, 63
Artot-Desirée 18	Brodsky, A. 40, 41
Assiére Alexandra . . . 6	Bruch, Max 52
Auber 58	Bülow, Hans von . . 23, 43
Auer, Leop. 40	Byron, M. 60
Aurich, A. v. 61	
	Chop, M. 59
Balakirew . . . 19, 22, 44	Chopin 7, 33
Baskin 59	Conrat, H. J. 62
Beethoven . 10, 28, 41, 51, 61	Coßmann, B. 14
Bellini 10	Cui, C. 8, 13, 39
Berlioz 25, 33, 44	
Bessel 22	
Bessmertny 62, 63	Danilowicz, A. 62
Birnkoff 62	Dargomirsky 18
Bizet . . . 33, Carmen 61	Dawidoff, Karl . . . 10, 37
Bjegnitschew, Mad. . . . 19	Donizetti 10
Blackburn, B. 59	Door, Anton 49, 62
Boito Arrigio 52	Dreyschock, A. 10
Borodin 8, 51	Dürbach, Fanny 6

Engel 62
Evans, E. 60

Filipoff 7
Filson Young 59
Findeisen 62
Fitzenhagen 20
Forgach, J. 62

Gilmann, L. 60, 62
Glinka 15, 18, 33
Göhler, G. 62
Gogol 22, 51
Grieg, E. 41

Hanslick 40
Helene Paulowna, Großfürstin . . 10, 13, 21, 22
Hertz, Henrik 49
Heß, A. 62
Hippius, A. 62
Hoenika, R. 60
Hoffmann, E. Th. A. . . 48
Hrimaly, J. 20
Hruby, K. 60
Huneker, J. 59
Hutschenrujter, W. . . . 63

Joachim, J. 42
Jürgenson, P. J. . . 16, 59
Juon, Paul 21, 59

Kaigoroff 60
Kaiser, Marie 6
Karpath, L. 63
Kaschkin . . . 14, 37, 59
Keeton, A. E. 63
Kenedy, Fraser Mrs. . . 59
Knauer, E. 63
Knorr, J. 59
Kompanejsky 63
Konstantin, Großfürst . 45, 10
Koptaieff 60, 63
Korngold, J. 63
Krall 59
Kramer 58

Krause, E. 63
Kündinger, Rudolf 9
Küntzel, M. 63

Laroche 14, 59
Laub, Ferd. . . . 14, 20, 25
Lawroskaja, Frau 28
Lazary 30, 63
Lee, E. M. 60
Leschetizky, Th. 10
Leßmann, Otto 64
Liapunow 60
Liebling 59
Lipaieff 60
Lipitzin 63
Lomakin 9
Longinow, Marie 7

Maclean, Ch. 63
Malherbe 59
Maschevsky 7
Mason, D. G. 63
Meck, Madame v. . . 34, 65
Minkus 20
Mjaskowsky 60
Moszkowsky, A. 63
Mozart 9 (Don Juan) 10, 58, 61

Neruda, Ed. 63
Newmann, E. 64
Newmarch, Rosa . 59, 62, 64
Nikisch, Arthur 42
Nissen-Salamon, Frau . . 10

Ostrowsky . 13, 14, 18, 22, 57

Padilla 19
Pfohl, Ferd. 51
Piccioli 10
Pissemsky 14
Polonsky 22
Polowtzeff 60
Pougin, A. 60
Prjanischnikow 38
Ptschelnikoff 64
Puschkin 31, 37, 47

Reinecke, Karl 43
Riemann, Hans 64
Riemann, Hugo . . . 60, 64
Riesemann, O. v. 64
Rimsky-Korsakoff 8, 22
Rossini 10
Rubato 64
Rubinstein, A. 10, 13, 16, 22,
       23, 24, 58
Rubinstein, Nikolaus 10, 13, 14,
 16, 18, 19, 23, 30, 35, 36

Saint-Saëns 52
Samarin 57
Saremba 10
Schilowsky 28
Schmehling 7
Schneider-Arno, José . . . 64
Schumann, Rob. . . . 32, 33
Schwers, P. 64
Shakespeare 19
Siloti, A. 40
Sinopow 58
Spiro, F. 64
Spiro-Rombro, A. 64
Sjeroff 13, 18, 22, 23
Ssollogub, Graf 14
Starcke, Hermann 64
Stassow, W. W. . . . 19, 21
Strachova, E. 60
Strauß, Johann 13
Strauß, Richard 62
Strindberg 61

Stümcke, H. 59
Swanzeff 28

Tanejew, S. J. 32
Tideböhl, E. v. . . . 64, 65
Timojew 65
Tolstoi, Graf 27, 60, 61, 62, 64
Tschaikowsky, Anatol . . . 30
  "   Antonina . . 29
  "   Modest 15, 26, 47,
        49, 59, 61
  "   Nicolai . . 6, 7
  "   Sinaida . . . 6
Tschernoff 60
Tscheschichin 59
Tschurtschaninoff 63
Turgenjew 21
Turyzin 60

Urban, E. 65

Vancsa, M. 65
Verdi 33

Wagner, R. 26, 33, 42, 43, 48, 61
Walter, B. 65
Weingartner, F. v. . . 50, 65
Wieniawsky, H. 10
Wsewoloschisky, J. N. . . 47

Zabel, E. 65
Zeretelli Fürst 52